みんなの朝ごはん日記

いい日が始まる、おいしい食卓。

はじめに

　いい一日を始めるために、朝ごはんにこだわり、写真に記録する人たちが増えています。

　本書は、人気のブロガーさん、インスタグラマーさんたち25人に、毎日のおいしそうな朝の食卓を見せてもらった本です。

　焼き立てパンやワッフルに、野菜やフルーツたっぷり。ワンプレートや小皿に常備菜をいろいろ。納豆にキムチ。朝からパスタや、朝からお肉。ピカピカの卵かけごはん。おにぎりズラリ……。

　さまざまな食卓から見える、その人ならではの朝の風景は、どれもとても素敵に見え、朝ごはんならではの楽しさが伝わってきます。

　パラパラと気楽にめくっていくうちに、同じ目玉焼きやトーストでも、こんなやり方があったんだという発見があったり、これまでトライしたことはないけれど意外に朝もイケそうと思えるメニューが見つかったりするかもしれません。

　毎日の朝ごはんづくりのアイデア集として、また、マンネリ化しがちな朝ごはん作りのモチベーションをちょっとアップさせてくれる一冊です。

Contents

みんなの
朝ごはん日記

目次

01 Tammyさん
Tammy
気分や体調に応じてメニューに変化をつけ目でも楽しめる朝ごはん
008

02 伊藤 正恵さん
Masae Ito
ワンプレートで栄養も見た目もバランス良く。
016

03 あさひさん
Asahi
朝ごはんづくりは舞台美術と同じ！おもしろがりながら楽しんでます。
024

04 decokeiさん
decokei
平日はワンプレート。休日は家族でシェアする朝ごはんが定番です。
032

05 HEAVY DRINKERさん
HEAVY DRINKER
家族の笑顔が見たくて献立のことばかり考えています。
040

06 さおりさん
saori
納豆ご飯とおみそ汁はできるだけ毎日とりたいです。
048

Contents
004

07 Natsukiさん
Natsuki

お花と大好きな器を並べ、楽しみながら準備しています。

056

08 ERIKOさん
ERIKO

彼に喜んでもらえるように、週末の朝ごはん作りを楽しんでいます

062

09 加織さん
Kaori

薬膳アドバイザー資格を取得。旬の野菜をしっかり食べたい！

068

10 魚部 順子さん
Junko Uobe

昼と夜は摂生。朝ごはんは好きなものをいただいています。

074

11 かおしさん
Kaoshi

時間があればおいしいものの情報収集に勤しんでいます。

080

12 akunさん
akun

時間が増えた分、丁寧に料理を楽しみたいです。

086

13 あやのさん
ayano

離島でのんびり島暮らし。台所在住です。

092

Contents
005

Contents

14 あこさん AKO
098
偏食の息子に沢山食べてほしくて、工夫しています。

15 まゆ井さん Mayudon
104
ただ食べるだけじゃもったいない！毎朝、起きるのが待ち遠しくなるわくわく朝ごはん。

16 ミチルさん MICHIRU
108
野草や山菜を使ったじんわり味わい深い朝食。

17 門乃 ケルコさん Kadono Keruko
112
気分よく仕事に向かうために。手早く簡単に、彩りよい朝ごはん！

18 山本 慶子さん Yamamoto Keiko
118
忙しい朝でも朝ごはんはしっかり食べたい！

19 みゆさん miyu
122
季節の野菜を取り入れたしっかり朝ごはん。

20 山口 さきさん
Saki Yamaguchi

旬の食材、器や盛り付けで変化を付けています。

126

21 未来さん
miki

食の細い息子に楽しく沢山食べてもらえるように。

132

22 osakanaさん
osakana

朝ごはんは自由にもりもり食べます！

136

23 電気ビリビリさん
denkibiribiri

ほぼ毎日TKG（卵かけごはん）を楽しんでいます。

140

24 竹内 和代さん
Takeuchi Kazuyo

嫁いだ長女が朝ごはん食べたさにしばしば帰ってきます。

144

25 vivocoさん
vivoco

愛情を込めたおにぎりを作るのが日課です。

148

Contents
007

01 Tammyさん
Tammy

▶ **Instagram**
Instagram user name「t_ammy」
https://www.instagram.com/t_ammy/

▶ **ブログ**
「こころいろ 365日。」
http://cocoroiro.blog.jp/

家族構成
夫とわたし
平日の朝ごはん作り開始時間と所要時間
6：30〜　20分
休日の朝ごはん作り開始時間と所要時間
7：00〜　30分

気分や体調に応じて
メニューに変化をつけ
目でも楽しめる
朝ごはん。

神戸在住。一日を元気に始めるために朝ごはんは夜ごはんと同じように大切にしています。家族のその日の体調・気分や天気で臨機応変に朝ごはんを変化させます。週の一度の作りおき常備菜を中心に、切り方・調理方法・プレート・盛り付けで変化をつけます。無理ない程度に朝ごはんを作る時間を楽しみ、目でも食欲が湧いてくるものを作ろうと思っています。

▶ **朝ごはんのこだわり**
旬のものや地元の食材を使うこと。自家製ヨーグルト・みそ・粕漬け・ぬか漬けなど発酵食品を取り入れること。

▶ **これからチャレンジしたいこと**
ファーマーズマーケットで見かける、知らない野菜、珍しい野菜類をもっと調理できるようになれば幅が広がるのかなぁと思っています。

▶ **こだわりの調理道具や愛用のモノ**
その月のおいしいものを取り入れられるよう、12カ月の食材や調理方法を記したノートを作っています。

▶ **2015/10/15**

常備菜を並べただけの朝ごはん

五目豆／ラディッシュ／きゅうりの酢の物／高野豆腐としいたけの炊いたん／いんげんのおひたし／煮卵／ミニトマト／冷ややっこ／牛肉とごぼうのしぐれ煮

前日作った常備菜を並べただけの朝。ぴょん♪　と伸びたラディッシュの葉っぱがかわいいでしょ。今は、とても余裕を持って楽しんで作れている朝ごはんです。昔は「作らなくてはいけない」とどこかにありました。日々繰り返しているうちに、時間配分や調理方法など自分流が身についてきたのだと思います。

▶ 2015/12/05 ｜夕べのスライドメニュー♪

昨夜は久しぶりに、乾物（干ししいたけ、干しごぼう、切り干し大根）を入れてかやくごはんを作りました。それからクタクタに炊いた白菜で鶏だんごスープ、という冬メニューでした。今朝は夕べのスライドメニューと、先週、粕床に漬け込んでおいた鮭を焼いてできあがり♪

▶ 2015/12/19
おにぎりと粕汁の朝

今朝はおにぎりと粕汁。一種類ずつ。早いもん勝ちです（笑）。とても小さめなので、どんどん手を伸ばしてしまうことになる（笑）。いろんな具材でいっぱい楽しめて……おにぎりっていいね。小さい頃からうちはおにぎりというと俵型だったので、普通に握るとこれなのです。

▶ 2015/12/26
私はパン、夫はお餅♪

祭りのあとのような朝。私はパンを食べたくて、夫はお餅というので、このスタイルで。網で焼くとなんでこんなにおいしいのか、私はお餅も食べてしまいました（笑）。さぁもう一杯コーヒーを飲んで、クリスマスツリーを片付けることからスタートするよ♪

▶ 2016/01/10　フルーツオープンサンドで朝ごはん

フルーツとパンがあったので、フルーツオープンサンドにしてみました。これがかなり細かい作業で……！お正月明け、風邪をひいてスローな時間を送っていましたが、これを作る気力があるって、私の風邪、すっごく良くなってると思う（笑）。お皿は、ロイヤルコペンハーゲンの中でも一番使いやすくて品のあるプリンセス。大好きなのです。

▶ 2016/02/13　せいろと塩鮭の朝ごはん

鮭を焼いて、野菜はせいろに入れて蒸します。蒸した野菜はごまポン酢でいただきます。蒸し野菜って、焼いたりするより沢山の量をペロリと食べられます。野菜の甘みが凝縮されて本当においしい。作り手はラクだしね（笑）。

▶ 2016/02/24 ｜ 今日の朝ごはん　春プレート

赤米が残っていたので残り野菜と一緒に巻いてキンパに。中身は牛肉、人参、ほうれん草、きゅうり、卵、たくあん、魚肉ソーセージ。それからお麩とセリのおみそ汁。春らしい野菜は粕漬けとトマト。
さぁ今日は美容day。ネイル経由美容院。「きれい」に……なんて望みません。「小ぎれい（ほどよく整っていて清潔であるさま）」にしていただいてきましょ……♪

▶ 2016/02/27
菜の花のおみそ汁と
熊野のさんまの丸干し

土曜日の朝。ちょっとゆっくりていねいに。「山の工房村飯炊釜」の土鍋で炊く炊き立てごはんと、菜の花のおみそ汁と、冬が旬の熊野の名物・さんまの丸干し。季節が混じる朝の食卓でした。

▶ 2016/03/01
本日はふたりでお留守番

本日は娘のおうちで。孫とふたりでお留守番。トーマスのビデオとお菓子に助けられるグランマ。頑張ります。でっかなフォーク持たされて（笑）。小さなフォークとナイフを買ってあげようと思うグランマです。

▶ 2016/03/02 | フルーツオープンサンドで朝ごはん

食パンを9分割して、カナッペ風とふわふわ風なフルーツオープンサンド。パクパク食べやすいように……。王子に気に入ってもらえるような食事、グランマは頭悩ませておりますよ。食パンの耳をとってからの9分割って難しい（笑）。今朝も早うから食卓の上を電車が走ります（笑）。

▶ 2016/03/10 | 手作りグラノーラに手作りヨーグルト♪

今日の朝は手作りものよ（笑）。手作りグラノーラとヨーグルトメーカーで作ったヨーグルト。BALL社のメイソンジャーに入れて。先日の自由が丘散歩でホント偶然ゲットしたのは雅姫さんの「もぐカップ」。ようこそ我が家へ♪　スローな時間、今日も続く……。

▶ 2016/03/16 ｜ ピタパンにいっぱい詰め込んで

今日はお買い物に行こう〜！　冷蔵庫に何もない……。冷凍のえびと冷凍のピタパンと10cmほど残ってたれんこんと。人参もきゅうりも5cmほど残ってた（笑）。サバイバルのような暮らしをここ数日……それはそれでおもしろい。

▶ 2016/03/17
豆ごはんとあさりのおみそ汁

ほうれん草のごま和え／いわし／菜の花　大根おろしの卵焼き／かぼちゃ／いかなご／トマト

豆ごはんを炊いて、あさりのみそ汁と一緒に。ちょい春らしい、和食の朝。あさりは春の産卵前の今が、身が肥えて、一番おいしい。夫のリクエストで赤だしにて……。あさり。赤だし＝お寿司屋さんを思い出す（笑）。

▶ 2016/03/21
フルーツと野菜のブルスケッタ

にぎやかな休日が続きます。お好きなものをお好きなだけ召し上がれ……（笑）。夫が大人買いしてきたいちご。一瞬で消えていく……（笑）。春の休日、キミたちの記憶の中に、この時間が残りますように……。

▶ 2016/03/28 ｜ 桜フルーツトースト

朝から日差しが春してると思ったら、今週は3月から4月へ移り変わる一週間。桜のつぼみがふくらんで、いい頃やねぇ……。桜フルーツトーストは作るの簡単。パクパクいける大きさです。いちごもキウイもバナナもちょっとだけで大丈夫ですよ。今週も頑張っていきましょう♪

▶ 2016/04/08 ｜ ざる御膳。作りおきを使い切る

作りおき常備菜を使い切る。ちょっとずつのせて、玄米のおにぎりものせて、ざる御膳のできあがり。
和食の朝は食べたあと、体が温もるのを感じます。不思議だけれど。やっぱりパワーつけたいときや元気になりたいときは和食がいいかなぁ。

▶ 2016/04/10 いちごのパンケーキタワー

休日ならではのキッチン時間、楽しみました〜！「いちごのパンケーキタワー・2016バージョン」毎年いちごの季節に作っているので今年も。小さなパンケーキを焼いて、フルーツを切って、生クリーム泡立てて、プレートに並べて、パンケーキタワー積み上げて……新鮮なうちに写真撮って、早く食べてほしい……(笑)。案外大変(笑)。いや……結構大変(笑)。

▶ 2016/04/11
今週の冷蔵庫＆常備菜＆発酵食品

きのこのおひたし／煮卵／手羽先の甘辛煮／春キャベツ／トマト／壬生菜の塩麹漬　きゅうりとハムのサラダ　豆じゃがの照り煮／壬生菜とお揚げさんの炊いたん／紫キャベツのマリネ／ズッキーニとえびのピカタ／三度豆のごま和え

今週の冷蔵庫には、幸せの箱（フランジア 白3ℓ）♪　そこにあなたがいてくれると嬉しい（笑）。

▶ 2016/04/12
眠らせていた器に光をあてる

毎朝、朝ごはんを作りながらどんな器にしようか考えます。今朝も引き出しを開けて、この子と目が合って決定。これは10年近く前、自分で作ったお皿です。器って不思議。今、惹かれていても少し時間が経つと眠らせてしまってたりして。でもまた必ず、その器にも光を注ぐ日が来るような……。このお皿もいい働きしてくれました♪

伊藤正恵さん
Masae Ito

➡ ブログ
「ソロカツ」
http://solokatu.com/

家族構成
ひとり暮らし
平日の朝ごはん作り開始時間と所要時間
6:30～7:00頃　15～20分くらい
休日の朝ごはん作り開始時間と所要時間
9:00～　　　30分くらい

ワンプレートで栄養も見た目もバランス良く。

名古屋市在住。現在は仕事を辞めて休職中なのでのんびりした毎日。朝ごはんはパン食のみです。ワンプレートで栄養的にも見た目もバランス良い朝ごはんを心がけてます。

▶ 朝ごはんのこだわり
ワンプレートにするときは緑・赤・黄色の食材が入るようにしています。また、ヨーグルトも必ず食べます。

▶ これからチャレンジしたいこと
ベシャメルソースを使ったクロックムッシュ。ベシャメルソース作りのハードルが高そうだけど作ってみたいです。

▶ こだわりの調理道具や愛用のモノ
柳宗理のミニパン。鉄のフライパンで大きさもひとり分準備するのにちょうどいいので。

▶ 2015/09/25
ひとり暮らしの朝ごはん 3つのコツ

私は、3食のうちで一番朝ごはんが好きなので、朝は必ず食べてます。朝ごはんのいいところは毎日同じものでもなぜだか飽きないところ。続けるコツとしては、まず、食材の色に、赤・黄・緑を入れること。ふたつ目は、ワンプレートで収まる量を盛り付けること。腹八分目になってちょうどいいし、毎朝同じ量だと、生活のリズムができます。そして3つ目は、気に入った食器を使うこと。作るモチベーションが上がります。

▶ 2015/09/27 | 上手な目玉焼きの焼き方

目玉焼きにはハーブ塩をかけて食べるのが一番多いです。きれいな丸型にしたいのに、なかなかきれいな形になりません。焼く前に卵を室温に戻しておいて、卵を割るときは、できるだけフライパンに近付けて入れたほうが良いみたいですね。さらには、黄身と白身を分けて、黄身だけで最初フライパンの中に入れて焼き、そのあとに白身を入れるとか。火加減は弱火だそうです。私はいつも片面焼き。黄身に薄い膜がはっておらず、黄色がきれいに見えてるほうが好きなので、焼くときはフタをせずに焼いています。

▶ 2015/10/01
朝ごはんを準備するのに
かかる時間

朝ごはんを準備するのにそれほど時間はかかりません。パンを焼く→3分。目玉焼きを焼く→10分。ソーセージを焼く→3分。お湯を沸かしてコーヒーを入れる→3分。お皿に盛り付ける→5分。これらは同時進行しているので、トータル15分くらいで準備できます。朝、ちょっとだけ頑張って準備すると、1日いい気分で過ごせるから、朝ごはんはとても大事だなーと思います。

▶ 2015/10/09
ふたつとも食べたいなら
欲張ってもいいじゃない

今日はバターだけのトーストと鮭チーズトーストの両方が食べたい……ということでこういう形になりました。朝ごはんは栄養バランスは考えますけど、カロリーは気にせず食べたいものを食べてます。朝、多少カロリー摂り過ぎたとしても、昼と夜で調整すればいいわけだし。朝ごはんって一番自由な感じがします。だから好きなのかもしれません。

▶ 2015/10/10 コーヒーにこだわるのも楽しい朝ごはん

今日のコーヒーは久しぶりに豆から挽いてドリップして入れました。コーヒーは好きで毎日2、3杯は飲んでいます。缶コーヒーやインスタントコーヒーはあまり好きではなく、もっぱらドリップタイプのコーヒーです。いつもは1杯ずつ入れられるタイプのものです。
コーヒーは道具を集めるのも楽しいですね。収集欲をそそる道具が多い。私は主にコーノとハリオのドリッパーを使っています。そしてポットは月兎印のスリムポット、コーヒーミルはデバイスタイルのシルバーを使っています。

▶ 2015/10/17
ソースや醤油以外で食べる目玉焼きがおいしい

目玉焼き。私はケチャップ派でした。オムライスやオムレツだってケチャップをかけて食べるのだから、目玉焼きもケチャップが一番と思ってたんです。でも最近変わりまして、このところずっとエスビー食品のマジックソルトをかけて食べています。卵自体の味を邪魔せずに塩とスパイスが味を引き締め、ハーブの香りがより食欲をそそります。

▶ 2015/10/22
食べ切りたい食材は朝ごはんに使う

ひとり暮らしで自炊していると、食材が使い切れないことが多々あります。そういうとき、いつも私は朝ごはんの食材として使います。今回はねぎのオムレツ。ねぎを買うとなかなか使い切れないので、卵料理にしてしまいました。卵はどんな具を入れてもそれなりな味になるので、消費したい食材を使ってオムレツにしてしまうことが多いですね。

02:Masae Ito

▶ 2015/10/23
これを入れればさらにおいしい
マカロニサラダ

マカロニサラダって実はそんなに好きではなかったのですが、知り合いに何はなくともマカロニサラダ大好きな人がいて、頼まれてよく作っていたら自分もいつの間にか好きになってました。マヨネーズを加えたあとに、パルメザンチーズを多めに加えるのがコツだと思います。味にコクが出ておいしいです。

▶ 2015/10/24
時短フレンチトーストの
朝ごはん

久しぶりにフレンチトーストを作りました。硬いパンを使うときは、卵液に一晩漬けておくと、中までやわらかくおいしくなります。今回は硬くない食パンを使ったので、焼く直前に浸して焼きましたが、十分おいしいフレンチトーストができました。焼く前にレンジでチンする方法でも、しっとりと中まで卵液がしみ込んだフレンチトーストが作れるみたいです。

▶ 2015/10/29
厚焼き卵サンドの
朝ごはん

トーストサンドの中身は厚焼き卵ときゅうりとベーコンです。8枚切りのパン2枚に、卵は2個使ってるので結構ボリュームがあります。パンに具を挟んだときに、真ん中だけ盛り上がってる状態のほうが、挟んだあとパンが切りやすいです。卵にシーザーサラダドレッシングを入れるのは、焼く前に味付けすればあとで調味料をつけなくても味がするので。意外とおいしいです。

▶ 2015/10/30
イングリッシュマフィンの
朝ごはん

今日の朝ごはんは、見た目的にも栄養的にもバランス良くできたんじゃないかと自画自賛。いんげんは冷凍で売っているものです。冷凍野菜はひとり暮らしには便利な食材。調理時間が短縮できるので良く買います。特にいんげんって煮物にも、サラダにも使えるし、なかなか優秀ですね。

▶ 2015/11/21 | シンプル朝ごはんとレタスの保存方法

レタス、記憶にないぐらい久しぶりに買いました。レタスって葉物野菜でも特に傷んでくるのが早いので、あまり買わないようにしています。今まだ余ってますが、すでに切り口が赤くなってきていますし。そんなレタスですけど、多少日持ちを伸ばす方法もあるようです。ひとつは水に浸しておくこと。レタスをちぎってタッパーに入れ、ひたひたになるまで水につけて保存すると変色もせずにシャキシャキ感を保ったまま保存できます。もうひとつは50℃のお湯に2、3分浸けて、水気をしっかり切ってから保存する方法。これでもシャキシャキ感を保ったまま保存できるそうです。

▶ 2015/11/22
ウィンドウトーストで朝ごはん

パンをくり抜いて窓が開いてる風に見える「ウィンドウトースト」です。作り方は……食パンの真ん中を切り抜く（耳は残す）。先にベーコンを炒める。バターを溶かし、フライパンにくり抜いたパンをのせ、穴の中にベーコンが入るようにする。上から卵を割り入れパンの中で溶けほぐして炒める。チーズをのせてケチャップをかける。くり抜いた残りのパンで蓋をし、反対側も焼く。

▶ 2015/11/24
トーストで朝ごはんとおいしいソーセージの選び方

ソーセージは皮がしっかりしてて、パリッとした歯ごたえのものが好きです。ソーセージって実はランクがあり、パッケージにJASマークが付いてます。「特級」「上級」「標準」と「特定JAS」の4種類あって「特級」が一番上のランク。なので良いのを選びたいなら「特級」を選んだほうが良いですよ。

▶ 2015/12/01 ｜ ひとり暮らしの狭いキッチン活用法

私の家のキッチンはとても狭いです。コンロ一口で収納スペースもあまりないです。シンクも本当に狭くて、使ったらすぐに洗わないといっぱいになってしまいます。下の段の棚はパイプ状になっているので、そこにS字フックを引っ掛けてフライ返しなど頻繁に使うのを吊り下げてます。食器は真後ろに食器棚を置いてまして、その中に入れてます。コンロが一口なのは残念ですがそれ以外は、割とコンパクトにまとまって良い感じではないかなと思っています。

▶ 2015/12/12
マヨネーズ卵トーストで朝ごはん

マヨネーズ卵トースト。食パンの上にマヨネーズをぐるっと囲むようにつけて、その囲った中に生卵を落としてトースターで焼きました。卵はもうちょっと焼きたかったんですが、パンが焦げそうになったので止めました。マヨネーズと卵の組み合わせは改めておいしいなと思いましたね！　アルミホイルを敷いてパンを焼けば、焦げずに卵だけ焼けるんじゃないかとあとから気付きました。

▶ 2015/12/13
トーストで朝ごはん

この間買ってきたペリカンの食パンでトーストです。バターが染み込むように切れ目を入れて焼いてみました。ペリカンのパンは、しみじみとしたおいしさがありますね。あとパンの密度が他の食パンと全然違う。みっちりしてます。食べ応えがあって噛み締めて食べると満足感が高まります。いい意味で、特別感のないパンでした。

▶ 2015/12/17 | ペリカントースト

学校へ行き始めて、朝早いのであまり準備する時間がなくてトーストだけになってしまいました。それでもペリカンのパンだからパンだけでも満足できますけどね。食べるときは、チューブ状になっているあんこ「井村屋 つぶあんトッピング」をつけて食べました。あんこ大好き。無糖ヨーグルトにあんこを入れて食べてもおいしいですよ。

▶ 2015/12/19 | トーストの朝ごはんと仕事のこと

今日はペリカンのトースト、目玉焼き、ソーセージ、きゅうり、プチトマトというラインナップ。毎日代わり映えしません。
職業訓練の学校へ行き始めてから出かけることが多くなりました。授業はまだ始まったばかりですが、やっぱり再就職支援を目的としてるので、普通の学校の授業とはちょっと違っておもしろいです。私が行ってるのはWEBデザインの授業ですが、デザインの話だけではなくて、自己分析するという授業もあったりします。自分が何が得意で何が不得意だとか、働くことについて何を一番優先させるのかとか。そういうことをちゃんと見つめ直すと、自分の進むべき道のヒントになるというのが、授業を受けて少しわかった気がします。

▶ 2016/01/21
スパムむすびで
朝ごはん

今日はスパムむすび、里芋のサラダ、プチトマトというラインナップ。毎朝パンしか食べない私が珍しく、お米の朝ごはんです。実はスパムを使っておにぎらずを作ったんですが、余ってしまいまして。早めに食べきってしまいたかったので、朝ごはんにしました。スパムは減塩タイプのを買ったのですが、それでも結構味はしっかりしてて、味付けなしでもそのまま食べられました。

▶ 2016/02/21
マンネリな朝ごはんから
脱却したい

今日はトースト、卵焼き、ベーコン、きゅうり、プチトマトというラインナップ。最近、朝ごはんのモチベーションが上がらなくて同じようなものばかり食べてます。毎日同じもの食べてても飽きないから別にいいんですけどね。基本的に面倒くさがりなので簡単すぐできるもので、もうちょっと楽しい朝ごはんにできたらいいのですが。

▶ 2016/03/06
はちみつトーストで
朝ごはん

今日はあまりお腹が空いていなかったのでトーストのみ。そしてちょっと甘いものが食べたい気分だったので、バターとはちみつをたっぷり塗った、バターはちみつトーストにしました。パンに切れ目を入れて焼いてからバターとはちみつを塗ると、中までしっかり染み込むから良いですね。子どものときに風邪をひくと、母親がよくはちみつレモンを作ってくれたのを思い出しました。

▶ 2016/03/26
厚切りトーストの朝ごはんと
おいしくトーストを焼くひと手間

パンは5枚切り派ですが、こういう喫茶店でしか食べられないような厚切りトーストもまた良いです。最近、トーストに少し手を加えるようになりまして。パンを入れる前にトースターを1分ほど余熱し、パンの両面に霧吹きをしてから焼くのです。これがとても良いです。霧吹きは100均で売っている旅行用のスプレーボトルを使ってます。ちょっと食材を湿らせたいときに便利です。

03 あさひさん
Asahi

▶ Instagram
Instagram user name「morningsun3480」
https://www.instagram.com/morningsun3480/

家族構成
夫(30)、息子(1歳)との3人暮らし
平日の朝ごはん作り開始時間と所要時間
7：30〜　30分程度
休日の朝ごはん作り開始時間と所要時間
8：30〜　40分程度

朝ごはんづくりは舞台美術と同じ！おもしろがりながら楽しんでます。

大阪生まれ、大阪育ち。初めての子育てに奮闘中のアラサー主婦です。1日の始まりに、少し丁寧に朝ごはんが作れたら、その1日がなんとなく良い日になる気がする。「しんどくならない・無理しない・サボりたい日はサボって良い！」のおおらかな(？)精神で。料理は学生時代勉強していた舞台美術と同じような感覚。おもしろがりながら、朝ごはん作りを楽しんでいます。

▶ 朝ごはんのこだわり
野菜を多く、旬のものを、甘みはてんさい糖やはちみつを使う、油は極力少なく。食べるとじんわり元気になれるような「滋味を感じる朝ごはん」を意識しています。

▶ これからチャレンジしたいこと
ハーブや小さな野菜など自分で育てて、毎朝摘みたてのもので朝ごはんを作れたらいいなあと思います。

▶ こだわりの調理道具や愛用のモノ
iwakiの耐熱ガラスボウル。直径15cm以下の小さい（250ml、500ml）サイズはいくつもキッチンに出ていても邪魔にならず、忙しい朝には本当に重宝します。必需品です！

▶ 2016/01/26
おいしいみそラーメン

今日はバタバタで、朝昼兼用インスタントラーメン。たまーに食べたくなるのです。具材は沖縄人参、白菜、大根、豆腐、ねぎ、ごま。即席めんは、「創健社 味噌らーめん」。見かけるとついつい買っちゃう。これおいしいんですよー。国産小麦100％の無かんすい麺で、ポークチキンビーフ類一切なしのスープです。インスタントラーメン独特の邪悪な味がしなくて野菜と合うのです。邪悪なインスタントラーメンもたまにはおいしいけどね！

▶ 2016/01/29
カレーは最高！

バターチキンカレー（発酵バターで）／じゃがいもとセロリのアチャール（漬け物）／ゆで卵サラダ／ナンとターメリックライス／ヨーグルト／バナナラッシー

昨日の晩ごはんをスライド朝ごはん。久しぶりに、真面目にカレーを作りました。手作りチャツネがめちゃくちゃいい仕事してくれました。

▶ 2016/01/31
やさしい味の和定食

じゃがいもの鶏そぼろあんかけ／高野豆腐とひじきの煮物／さつまいものレモン煮／あらめと豆腐のおみそ汁／ヨーグルト

やさしい味の和定食が食べたくなった今日。気に入って買ったけど、意外とこの淡い色が難しくて、ほとんど出番なく眠っていたうぐいす色の器を使ってみました。

▶ 2016/02/15 ｜ セロリの葉っぱでエスニックなチャーハン

セロリチャーハン／チンゲン菜とわかめのスープ／パプリカサラダ／ヨーグルト

冷蔵庫の残り物一掃メニュー。セロリの葉っぱのほうを炒めてチャーハンにすると、エスニックな感じになって好きです。パクチーみたいな効果。だからナンプラーとかで味付けてしてもおいしいよ。

▶ 2016/03/01 ｜ アッサリ適当巻き寿司

適当巻き寿司／小松菜と桜えびの辛味和え／ひじき豆／鶏むね肉のソテー／ミニサラダ／余りもの野菜たちのおみそ汁／ヨーグルト

巻き寿司、といっても酢飯にしなかったんですけど（手抜きじゃなくて糖質カットのつもり）。具は、菜の花の葉っぱ、鶏むね肉をゆずこしょうとマヨネーズで和えたもの、卵焼き、人参。アッサリしていておいしい。

▶ 2016/03/12 ｜ クリーミー煮込みうどん

クリーミー煮込みうどん／梅ひじきおにぎり／ツナマヨおにぎり／ヨーグルト

キャベツたっぷりで牛乳鍋をしたので、その残りのスープで煮込みうどんの朝ごはん。牛乳煮込みうどんだと響きがまずそうだと思って……クリーミー煮込みうどん……それもどやねん。味はおいしいんですよ、本当ですよ。今日はまだ寒いけど、さわやかで良いお天気なので洗濯機フル回転。お昼までに全部片付けてお出掛けしよーっと！

▶ 2016/03/18 ｜ 百合の花びらをうつわ代わりに

さわらの西京焼き／海苔入り卵焼き／アスパラグリル／枝豆豆腐／五目煮豆

油断したら焦げる、は、西京焼きあるあるですよね！　朝から西京焼き様につきっきりになんてなってられないんですよねぇ……。すると、一瞬でスネて焦げている！　枝豆豆腐を入れている器は、松尾直樹さんのもの。本当に使いやすい。アスパラをのせているのは、記念日にもらった百合の花びら。朝起きたら一枚散っていて、あまりにもきれいだったのでうつわ代わりにしてみました。

▶ 2016/03/19 ｜ ワクワク。お花トースト♪

お花トースト／ハムエッグ／ウインナー／アスパラ、ペコロス、プチトマト／ヨーグルト＋キウイ

お花トースト。ツナを地面に見立てらおいしくてかわいいんじゃないのと思い立ち、お花トーストの土あり（？）バージョン。ツナとチーズの組み合わせ最高にうまし。今日は仲良しの先輩が1年ぶりにカナダから帰国して遊びに来てくれるので、ワクワクしとります。そんなこんなでお花トースト食べたくなったのかもなぁ。

▶ 2016/03/21 おにぎりモーニング

おにぎり／焼きさば／みそ田楽風／きんぴらごぼう／菜の花のおひたし／ひじき豆

野菜の中でもめっちゃ好き、スイスチャード。なんなん？　その美しさ、なんなん？　なんでそんなオシャレしてみようと思ったん？　と、問いかけたくなるその容姿…そんな美しさを生かしたおにぎりにしたかったんですけど、スイスチャード師匠は、満足してくれただろうか……。野菜の美しさに気後れするね。野菜側に試されている気がするね。

▶ 2016/03/22 朝作ったのはおみそ汁と卵焼きだけ

筑前煮／菜の花のからし和え／赤軸ほうれん草のおひたし／ひじき煮入り卵焼き／枝豆豆腐／ひじき豆／豆腐とあおさのおみそ汁／びわ／ヨーグルト

親戚からびわを差し入れていただき、ありがとうよりも先に「うわっ、もうそんな季節ですかっ!?」って言っちゃいましたし。びわって初夏じゃなかった？　と思って改めて調べたら、早いと3月頃から出回りだして6月がピークらしいです。びわを三ツ矢サイダーで煮るとおいしいらしい。今年こそやろう！　ちゃんと朝に作ったのはおみそ汁と卵焼きだけなのは内緒です。

▶ 2016/03/23 | 料理は舞台美術と同じ

カワハギの開き／味玉／ししとう焼き／ひじき豆／ツナと梅のおにぎり／レッドグローブ／ヨーグルト

白ごはんが進まない系のおかずたち。こうして料理写真をInstagramにUPしていると料理好きと思われがちなんですが、自分はいわゆる料理好きとは違うんです。私にとってお料理は、学生時代勉強していた、舞台美術と同じ。プランを練り、作って、楽しませて、そして壊す。最後は、なくなる。その気持ちよさ！ 簡単なものばっかりで、たいしたものは作れないけど、それでいいのだ！

▶ 2016/03/25 | 卵を落として割ってしまい……

ミモザトースト的なやつ／ウインナー／トマト、ペコロス、ズッキーニグリル／レッドグローブ

卵を2個も、落として割ってしまい……、もったいないからスクランブルエッグ……からの、余った卵でミモザトースト風に。昨日はさんざん寝なかった息子、今日は早々に昼寝してるのでベビーカーにそーっと乗せて、友達とちょっくら買い物へ……。やったー！

▶ 2016/03/27 | 純喫茶のモーニング風朝ごはん

ナポリタン／バタートースト／サラダとヨーグルト

無性〜〜〜に純喫茶のモーニング的な朝ごはんにしたくなって、「朝からナポリタンてどうなん?」と夫に尋ねると「全然問題ないね」との回答をいただきました。4枚切りの厚いトーストにじゅわっと染みるバター、千切りキャベツ、コーヒーのいい香り……純喫茶にいるみたいな気持ちに……! とにかくワシは喫茶店のモーニングを食べたいんや。ふらっとひとりで入ってボロボロの週刊誌でも読みたいんや。上のほうに置いてあるテレビが薄型になっていて、昔はブラウン管だったのになんかこれじゃ趣がないですねぇとか店主と言いたいんや。若人よ、純喫茶へ行け。本日も良い1日になりますように。

▶ 2016/04/02 | 木の芽を育ててます

きのこの炊き込みごはんにぎり／いわしの若干し／あおさのり入り卵焼き／きんとき豆の甘煮／大根と揚げのおみそ汁／ヨーグルト

おにぎりといわしにあしらった、木の芽さん。木の芽って、スーパーで買うとほんのちょっとで250円とかするし、しかも、すぐにシナシナになるじゃないですか!? やってらんねーぜ!!ってことで最近、山椒の苗をスーパーで買って（298円）、恐る恐る育ててるんです。今のところ生育は順調です（過去にサボテン4回枯らしてる女です）。ちょっとだけ木の芽をあしらいたいけどちょこちょこ買うの高すぎるやろと思ってる人、フフ、うちに摘みに来てもええんやで。

▶ 2016/04/03
あんかけにしたら大体のものは おいしくなる

余りものたちの中華丼風　水菜と新玉ねぎのサラダ／しめじと豆腐のおみそ汁／ヨーグルト

今日は、茶色と緑をテーマカラーとした朝ごはんです！（嘘です）　今日は余りものたち（ひき肉、小松菜、えのき、まいたけ、うずらの卵）で、どんぶりごはん。とりあえずあんかけにしたら大体のものはおいしくなる！

▶ 2016/04/10
寝坊した朝

うずら目玉焼きおにぎり／鶏むね肉とまいたけグリル／黒豆煮／いちご／高野豆腐とわかめのおみそ汁

今朝は夫婦で寝坊し、息子が頬をぺちぺちたたいて起こしてくれました。あわてて朝ごはんを作ったのに、なかなか着席しない夫。髪の毛のセットにめっっっちゃ時間かかっとるー！　寝坊した朝もそんなに時間配分とるか!?

▶ 2016/4/11 ライスバーガーで朝ごはん

ライスバーガー／ほうれん草と桜えび卵／豚しょうが焼き／素焼きれんこんサラダ／ヨーグルト

今朝は作ってみたかったライスバーガーで朝ごはん。ほうれん草と桜えびの入った卵は、マヨネーズとケチャップを混ぜたソースをぬりぬりしています。旨いッ。初めて作ったんですけど、ライスバーガーって焼くのに結構油が必要ですね。セルクルにみっちり詰めるので、ごはんの量もなかなかすごいし……ははーん、ヘルシーではないな？（フォロワーさん情報では、ごはんお茶碗2杯に片栗粉小さじ1入れて混ぜ、お米を半分つぶしてから焼くと、油が少なくて済むそうです！）

04 decokeiさん
decokei

➡ Instagram
Instagram user name「decokei」
https://www.instagram.com/decokei/

家族構成
夫、5歳の娘の3人家族
平日の朝ごはん作り開始時間と所要時間
7：00頃開始　所要時間20分ほど
休日の朝ごはん作り開始時間と所要時間
7：00頃開始　所要時間30分ほど

平日はワンプレート。休日は家族でシェアする朝ごはんが定番です。

電機メーカーのマーケティングとして働くワーキングマザー。元栄養士でお弁当の写真を撮ることを日課としていた母に育てられ、食べることと食べ物の記録が大好き。どんなに忙しくても食事を欠かさない食いしん坊です。夜ごはんは一汁二菜の和食でカロリー控えめ、その分朝に好きなものを。平日はワンプレート、休日は家族でシェアするスタイルの朝食が定番です。

▶ 朝ごはんのこだわり
お気に入りの器を使うこと。パンとコーヒーだけ、という朝も好きな器を使うと気持ちも上がること、また今日はどの器を使おうか、と考える時間が、気持ちいい1日を過ごすために欠かせない日課となっています。

▶ これからチャレンジしたいこと
スタッフドバゲット（フランスパンに具材を詰めたもの）を作ってみたいです。以前習っていたパン作りを再開したいです。

▶ こだわりの調理道具や愛用のモノ
フライパンは、成田理俊さんの両手パンと卵焼きパンを愛用しており、そのまま器として使うこともあります。

▶ 2015/12/08
肉まんブーム中

ミニ肉まん／野菜のグリルサラダ／コーンスープ
ムスメが肉まんブーム中で、食べる食べる（笑）。肉まんは市販品だけど、蒸し器でふわふわに蒸してハフハフして食べました。簡単ごはんでも器で気分上げてます。オットの実家から、実家でとれた柿、キウイ、アボカド、みかんが送られてきました。山盛りの果物の横で買ってきたバナナを食べるオット……。

▶ 2015/12/09 | 角食の端っこでパンシチュー

パンシチュー／半熟卵／赤キャベツのピクルス／普通のキャベツのカレー炒め／フルーツ＆ヨーグルト

「パンと日用品の店 わざわざ」さんの角食にビーフシチューをたっぷり詰めました。上から□に切り込み入れて、最後は手でほじほじ（笑）。シチュー入れる前にパンだけ焼いて、その後シチューとチーズ入れてさらに追い焼き。耳がしっかりのパンだから、パンシチューにぴったり。一斤の端っこで作ったので、最後までしっかりお皿の役目を果たしてくれました。

▶ 2015/12/23
朝からたっぷりワンプレート

いろいろのせたワンプレート。朝ごはんなのに、ついお酒のアテみたいになってしまう……。オットは小食なので、いつも朝からたっぷり食べる私を白い目で見てます（笑）。

▶ 2015/12/26
残り物一掃ワンプレート

とうもろこしごはん／ハンバーグ／ポテトサラダ／じゃこ人参／もやしとほうれん草のナムル／トマト／れんこんのにんにくきんぴら／焼き芋／かぼちゃのすり流し

残り物一掃ワンプレート（笑）。冷蔵庫がちょっとすっきりしたー！　スペースがあるとつい何かのせてしまっていつもモリモリ（笑）。

▶ 2016/01/16 ｜ 野菜だけビビンバ

野菜だけのビビンバ／わかめと豆腐のスープ／ヨーグルトといちご

朝ドラを毎日一緒に見ているムスメ。五代さんと新次郎さんが好きなんだそう。わかりやすい面食いだな……。野菜だけビビンバ。黄身をがーっと混ぜて食べたら野菜だけでも大満足。

▶ 2016/01/19 ｜ おいしいプチヴェールのオイル蒸し

ミネストローネ風スープ／グリーンサラダ／半熟卵の醤油麹のっけ／赤キャベツのピクルス／下仁田ねぎのマリネ／プチヴェールのクミンオイル蒸し／ヨーグルト／「CITY BAKERY」のパン

大好きなプチヴェール（芽キャベツとケールから生み出された新しい野菜）の季節がやってきました。一袋ぜーんぶオイル蒸しにして毎日楽しみます。オイルにクミンの粒を入れて香りが出たらプチヴェールを投入。あとはお塩で味付けで終了。今朝もたっぷり食べたけど、野菜ばかりだから身体は軽い！

▶ 2016/01/30 ｜ 念願のクロッカンショコラ

「365日」の「クロッカンショコラ」と「コンテ」のパン／サラダ／半熟卵／じゃがいものスープ／ヨーグルト（「eatrip」のグラノーラ＆「mia」さんのコンフィチュール入り）

念願かなって「365日」の「クロッカンショコラ」で朝ごはん。パンに挟まっているつぶつぶ、硬いチョコかと思ったらサックサクで意外なおいしさにやられました。またすぐにでも食べたいです。
今日は、ムスメの習いごとの間に、とおひとりランチに並んだものの目の前で一巡目に入れず。寒い中、ランチ難民になりました……。

▶ 2016/02/18
ヨーグルトにきんかんコンポート

チーズトースト／ミートソースにポーチドエッグ／アボカド／人参とツナのサラダ／赤キャベツのピクルス／きんかんのコンポート

きんかんをラッキーにも同僚からいただいたので早速コンポートにしてヨーグルトと。きんかんの種は、ちっちゃいフォークを使えばかんたんに取れます。

▶ 2016/02/21
亀十のどら焼きで朝ごはん

「亀十」のどら焼き／いちご／コーヒー

どら焼きも咲きかけのクリスマスローズも実家からのもらいもの。ありがたし。ハハの邪魔をしたくて仕方ないぷくぷくおててがフレームイン（笑）。最近おふざけ度が増してきて邪魔ばっかり……（笑）。

▶ 2016/02/24 ｜ パンが見えないオープンサンド

ホワイトアスパラガス・スモークサーモン・ポーチドエッグのオープンサンド／野菜スープ／いちご

オープンサンドだけど、パンが見えない（笑）。ムスメ発熱と夕方保育園から呼び出し。遠足行きたい……と泣いていたけど明日はムリっぽい。受験前に熱出すタイプだな（笑）。

▶ 2016/02/28 ｜ おいしいパンで朝ごはん

「ベッカライ・ブロートハイム」さんのパンいろいろで朝ごはん。食べたかったオレンジピールのパンは残念ながら焼き上がり時間が合わず。昨日は器と暮らしの道具店「夏椿」さんで行われていた個展へ。ムスメのお迎えにも間に合って充実の1日でした。さて今日も楽しみなイベントへ行ってきまーす。

▶ 2016/03/03 | エジプト塩が好きすぎる

カッテージチーズ＋ミント＋レモン＋はちみつ／バター＋アンチョビ／いちごのサラダ／かぼちゃスープ

あちこちにエジプト塩をぱらりと。どれにも合う！　テレビのCMに出ているかわいい女の子を見て「あの子、朝ドラのムスメ役の子だよね？」とオット。若い子がみんな同じに見える（全然違うのに）＝おじさんになったということだな……。

▶ 2016/03/06 | 鯛めしおむすびで朝ごはん

鯛めしおむすび／厚焼き卵／小松菜と揚げの煮びたし／なすとパプリカと菜の花の揚げびたし／人参じゃこきんぴら／とろろ昆布と梅干しのお吸い物

切り身を使ったお手軽鯛めし、たっぷり作って冷凍しておくといつでも食べられて幸せです。週末は一週間の残り物かき集めだから品数だけは多いのです。
先日のお迎えした伊藤聡信さんの器をふんだんに使って♪

▶ 2016/03/19 ｜ 藻塩フォカッチャで卵サンド

卵サンド／グリル野菜のバーニャカウダ
蒸したらふわふわ、でも引きの強さを感じる藻塩フォカッチャを使って。ママのごはんが好き、と言ってくれるムスメは、隣で重量感あるシナモンレーズンベーグルをぺろり。
バーニャカウダは「セルフィユ軽井沢」の「デリディップ」でいただきました。

▶ 2016/03/25 ｜ 巣ごもり風カレーチーズトースト

巣ごもり風カレーチーズトースト
好きなものだけのせたトースト、食べづらいけどおいしいのです。男前にがっつり食べました。

▶ 2016/04/01 ｜ 青海苔混ぜ込みごはんにいくらととろろをかけて

いくらごはん／豚汁／「喜八洲総本舗」のみたらし団子

丸山海苔店の青海苔をたっぷり混ぜたごはんに、いくらととろろをかけて。しっかり歯磨きして行ってきまーす(笑)。
喜八洲のみたらし団子、翌日硬くなるってわかってても多めに買いたくなっちゃう(笑)。硬くなってもおいしい。

▶ 2016/04/06 ｜ フライパンワンプレートで朝ごはん

「PAUL」のクロワッサン／ハーブオムレツ／ベーコン／人参サラダ／赤キャベツのマリネ／アボカドチーズ焼き／ヤングコーン

フライパンワンプレートで朝ごはん。去年は進級に伴ってちょっと不安定になったムスメ。今年は今のところ元気に通っていてとりあえずひと安心。今日も1日楽しく過ごせますように。

05 HEAVY DRINKERさん
HEAVY DRINKER

➡ Instagram
Instagram user name [heavydrinker]
https://www.instagram.com/HEAVYDRINKER/

家族構成
33歳パートナーさん、14歳長男、
8歳長女、4歳次男（猛烈に溺愛中）

平日の朝ごはん作り開始時間と所要時間
7：15　　所要時間10分

休日の朝ごはん作り開始時間と所要時間
8：30頃　　45分

> 家族の笑顔が見たくて献立のことばかり考えています。

東京都の端っこの山と川に囲まれた田舎で暮らす、フルタイム勤務の働く33歳のおかんです。忙しくて時間が合わない毎日だからこそ、平日の夕ごはんと、週末の朝食は家族揃っていただきますができるようにと考えています。お腹いっぱいごはんを食べさせて、笑顔でごちそうさまって言ってくれる子どもたち（ついでにパートナーさん）を見たくて年がら年中ごはんの献立のことばかり考えている食いしん坊です。

▶ 朝ごはんのこだわり
平日は個々好きなものを食べています。週末は皆の好きな食材を使って、シンプルでおいしいものを。

▶ これからチャレンジしたいこと
壊れて買い換えていないオーブンを買い換えたらパン作りをしたいです。

▶ こだわりの調理道具や愛用のモノ
LODGEのスキレットは使い込んでいくほどなじんできました。包丁は母の田舎の種子島包丁を使用しています。指でもなんでもよく切れちゃいます。

▶ 2015/12/19
土曜日のあさごはん。
スタミナ納豆丼

キムチ／納豆／ねぎ／卵黄

昨日はパートナーさんもわたしも忘年会でした。朝寝坊して起きたら4歳児はブタメンを。7歳はあんパンを。パートナーさんはペヤングを。みなさん好き勝手に食べとりました。なのでひとり楽しく、ひとり寂しく、簡単に。絶品です。大好物です。

▶ 2015/12/23
水曜日のあさごはん。

ソーセージと玉ねぎのペッパー醤油炒め ／ 目玉焼き ／ 焼きハム

ソーセージ炒めを横で見ていた7歳児と4歳児、「ソーセージよりハムがいい♪」、ハム出したら「目玉焼きも♪」なんて言うからごちゃごちゃ作るのやめました。サラダもスープもなし。そしたらなんだか肉食のあさごはん。

▶ 2015/12/27
私の聖域で一杯。

大掃除が終わり、きれいになった私の聖域。今宵は台所で一杯いただきます。うちの丸の内OL（7歳娘）に「きれいになったジャン」「やればできるじゃん」「すごいすごい」「何日もつかな〜？」なんて上から目線でほめられました。あざーっす。早くマンション脱出したい。

▶ 2015/12/31
大晦日のあさごはん。

5種納豆 ／ 鮭塩焼き ／ 海苔 ／ 梅干し

昨日は長男を連れて今シーズン初のスノボで新潟まで行ってきました。仕事納めからの睡眠不足での苦行となりました。ちと遅く起きた朝は空っぽの冷蔵庫からあさってあさってやっと作りました。いや、作ってない。切って盛り付けて焼いただけ。

▶ 2016/01/16
土曜日のあさごはん。

新鮮な卵をいただきましたので、卵黄だけ使って、手軽かつ、神レベルに旨い卵かけごはん。
今日はパートナーさんは土曜出勤。なので4歳児と7歳児連れてデートです。愛車でドライブしてビデオ屋さんとゲーセンと美容室へ。マクドナルドでお昼を買って帰ります。くふふ。こりゃオカンの株が急上昇間違いなし。

▶ 2016/01/17 ｜ 日曜日のあさごはん。

巨大だし巻き卵／赤魚の西京漬　春菊ナムル／大根とがんもの煮物／みそ汁

久々にちゃんと朝ごはん。卵4個も使って巨大だし巻き卵。煮物もきちんと作りました。なのに、なのにさ、「昨日の餃子残ってないの？」なんて非道な言葉。朝から4歳児と7歳児は餃子でお腹いっぱいになりましたとさ。めげないよ。想定内だから。

▶ 2016/01/30 ｜ 土曜日のあさごはん。

チャルメラ／爆弾おにぎり

チャルメラは心の友。昔ながらの大好きなラーメン。たっぷりねぎとパクチー、トロトロ卵を一緒に。大雪が降ると予想してマフラーに手袋にニット帽を枕元に置いて寝ていた子どもたち。しかし今朝の東京、少しの雪景色もありません。怒りの矛先はなぜかわたしへと。またもや明日はスキー場へ行くこととなりまして。ほんと、財政難。冬って怖い。

▶ 2016/01/31
スノボべんとう。

鮭&明太子 ／おかか梅／卵焼き／塩から揚げ／トマト
3時起床、4時出発。朝ごはんはおにぎり弁当です。爆弾もいーけどノーマルも好き。から揚げの匂いにつられたのか子どもたちの寝起きがとても、良い。本日は群馬へ。行ってきまーす！

▶ 2016/02/06
土曜日のあさごはん。

豚キムチ粕汁 ／鮭のカマ焼き ／から揚げみぞれ和え／ねぎときゅうりのごま油炒め ／味玉
朝から激辛粕汁。キムチはサッとごま油で炒めて入れるとおいしいですよー。

▶ 2016/02/07
日曜日のあさごはん。

チーズチキンタコス
人が料理してると必ず違うものをほしがる4歳児。「タコスじゃなく納豆ごはん！」はい、想定内、とドヤ顔で提供したけど、おいしそうにタコスを食べる7歳を見て、「やっぱりタコス！」なんて。はい、それは想定外。トルティーヤ、私はひとくちも食べられず。

▶ 2016/02/11
木曜日のあさごはん。

しその実と納豆と卵ごはん／塩鮭／野菜のマリネ／梅干し
卵かけごはん。丸の内OL（7歳）はササッと割って満面の笑み。4歳児は、冷蔵庫から出すときから大失敗。落として3個を割り、無事だった1個は、慎重に慎重にやり過ぎて、握りつぶしてしまいました。夕飯はオムレツだな。

▶ 2016/02/13 ｜ 土曜日のあさごはん。

鮭塩焼き／ごぼうサラダ／ねぎときゅうりのごま油炒め／温玉／豚そぼろ／ねぎ納豆

遅く起きた朝はしっかりあさごはん。子どもの納豆を食べる姿に萌え萌え。ネバネバの糸との戦い。戦えば戦うほど増える糸。かわいいから助けてなんかやんない。ってこらお願いだからその口で抱きついてくるなー！

▶ 2016/03/13 ｜ 日曜日のあさごはん。

納豆卵焼き／豚粕汁／さば塩焼き／ししとう旨辛焼き／他ごはんのお供

なっとう卵やきーー？ イヤッホウーー？ と歓喜の声をあげる4歳児。大好物に、大興奮。5切れ中1切れを皿に入れて、テーブルの真ん中に。4切れの大皿を自分の前へ。
大丈夫。大丈夫なんです。ブーイングなんて起きません。みんなわかっております。数分後「お腹いっぱい」と笑顔の4歳児。戻されたお皿に残った2切れを仲良くみんなでシェアしました。ぐちゃぐちゃになってた1切れは問答無用、私のお腹へ収まりました。平和な日曜日の始まりです。

▶ 2016/03/19 ｜ 土曜日の朝ごはん。

とろろ鮭ごはん／高菜漬け／みそ汁
最近なんでもお手伝いしたがる4歳児に、とろろをするのはとても苦しいんだ、と思わせるために「痛い！とろろ触ると痛いっ！助けてっ！」と言いながら作業しました。しかし今日はやりたい気分ではなかったらしい4歳児。ふーん。かわいそうだね。なんて言いながら秘密基地へ行ってしまわれました。演技派女優の名演技も4歳児の心には響かず。

▶ 2016/03/20 ｜ 日曜日のあさごはん。

春菊ごはん／金目鯛の塩焼き／ねぎそぼろオムレツ／オクラの旨辛醤油焼き／キムチ／トマト
自分の部屋に作った秘密基地に、4歳児も7歳も招待せず意地悪三昧していた14歳。切れた私は破壊ゴジラに大変身。14歳、大泣きです。ストライキは半日続き……。折れた私とまた秘密基地作り。次からはチビ共も仲間に入れろよな、と。そして最高の秘密基地が完成しました。昨夜は秘密基地で入眠した14歳。なんともまぁかわゆいやつ。

▶ 2016/03/21 | 月曜日のあさごはん。

鮭のごま焼き／鶏肉の漬け焼き／なすとオクラの旨辛醤油焼き／炒り卵／春菊ふりかけ／納豆キムチ

連休最終日。朝ごはんをしっかり食べてみんなでお出かけ。遠出はしません。冬はお金がなくなりますから。近所のバッティングセンターか自転車公園か激安動物園か高尾山か夕やけ小やけふれあいの里か弾丸ツアーでございます。まずは家族会議。

▶ 2016/03/26 | 土曜日のあさごはん。

目玉焼き／ハム、ほうれん草、オクラ、コーン／ベジタブルカレー／3種の漬物／みそ汁

ちょっとママ。インスタなんかあとにして早くテーブル片付けてよ。レゴ広げらんない。って丸の内OLと4歳児がキィキィうるさいので洗い物でもしようかと思います。お皿は運んでくれたけど、スキレットだけは残っていて、スキレットもちょうだいよって言ったら、熱いから触るなって言ったのは誰よ。やけどさせる気なの？って生意気な丸の内OL。もうすっかり冷めてますけどね。平和な1日の始まり始まり。

▶ 2016/03/27 ｜ 日曜日のあさごはん。

コーンチャーハン／豚高菜チャーハン／トマト　鶏ガラスープ

朝イチに楽しみにしてたお皿が到着。どう使おうかな、とウキウキしてると14歳からコーンチャーハンを希望されました。一皿はタイ米でねぎとコーンのシンプルチャーハン。もう一皿は豚肉と辛い高菜漬けで大人のチャーハンに。コーン嫌いな4歳児は辛い高菜チャーハンを涙目で食べてました。今日はロング滑り台のある公園へ。どうやったらお尻が痛くならないかみんなで会議ちゅう。

▶ 2016/04/02
土曜日のあさごはん。

ドラえもんの映画を楽しみにしていた子どもたちですが、4歳児が朝から体調不良。映画は明日に延期です。丸の内OLが、ショックでつっぷして泣いていますが、誰も見向きもいたしません。相手にされないことを悟った丸の内OLの開き直った姿がまた怖い。独り言と舌打ちがわずかに聞こえます。明日ね。明日。家族揃って行きましょうよ。

▶ 2016/04/03
日曜日のあさごはん。

今日こそは映画に行きます。映画館で食べ物を買わないで済むよう、朝ごはんを遅めにしようとしたけどギャンギャンうるさい子どもたちのせいで作戦失敗。沢山食べなさい、お腹すくよ。もっと沢山食べなさい、ってみんなに言いながらの朝ごはん。ちょっとちょっと。もうお腹いっぱいよ、悪いわね。って有閑マダムのようなしゃべり方の丸の内OL。行く末は桃井かおりか。

06 さおりさん
saori

➡ **Instagram**
Instagram user name「mog_life」
https://www.instagram.com/mog_life/

> 納豆ごはんと
> おみそ汁は
> できるだけ
> 毎日とりたいです。

家族構成
ひとり暮らし
平日の朝ごはん作り開始時間と所要時間
7：00頃　所要時間15分
休日の朝ごはん作り開始時間と所要時間
8：00頃　所要時間20分

関東在住。20代、会社員。カフェ巡りが好きで、休日は外食することが多いので、平日はなるべく和食で、健康的な食事を心がけています。がんばらない食事づくりがモットーです。

▶ 朝ごはんのこだわり
納豆ごはんとおみそ汁は、なるべく毎日食べるようにしています。納豆に食材をプラスしてアレンジしたり、おみそ汁は具沢山にして、野菜を沢山摂るようにしています。

▶ これからチャレンジしたいこと
今は作りおきの簡単なおかずが中心なので、今後は栄養を考えた、バランスの良いメニューに挑戦したいです。

▶ こだわりの調理道具や愛用のモノ
日々使っている器のほとんどは、旅先で購入した、各地の作家さんのものです。お気に入りの器を使うことで、食事がより楽しみになっています。

▶ **2016/02/16**
鮭の粕汁で朝ごはん

祖母から沢山もらった酒粕で、鮭の粕汁を作りました。冷蔵庫にある余った野菜を入れて、具沢山に。さつまいものだし煮とれんこんのきんぴらは、定番の常備菜です。お豆は、ゆでてサラダに混ぜて食べたり、スープに入れたりと万能なので、冷蔵庫に常備しています。

▶ 2016/02/23 | お気に入りの器で朝ごはん

スーパーで買ってきたごぼうのおいなりさんも、お気に入りの器にのせると少し豪華に。器は、石川若彦さんのもの。地元で個展が開かれたときに、作り手の方とあれこれ話しながら選んだお気に入りのものです。おみそ汁は、根菜やきのこをたっぷり入れました。

▶ 2016/02/24 | いくら丼で朝ごはん

いただきもののいくらで、いくら丼。食卓がぱっと華やかになります。菜の花のおひたしやいちごで、春を感じる食卓になりました。
豚汁は、しょうがを細かく刻んで入れるのがお気に入り。身体がぽかぽかします。酒粕を入れることもあります。

▶ 2016/02/27 | かんたん朝ごはん

残りもののいくらと豚汁で、簡単朝ごはん。常備菜は休日にまとめて作りおきしていますが、時々作れないことも。そんなときは、具沢山のおみそ汁で栄養補給。代わり映えのない食卓ですが、好きなものなので、飽きずに食べています。

▶ 2016/02/29 | 納豆で朝ごはん

納豆＋卵＋ねぎ。納豆は、単体で食べるのも好きですが、最近はプラス一品を加えて、アレンジすることが多いです。定番のこのメニューは、登場頻度が高いです。おかずは、ラディッシュのサラダと、厚揚げ。インスタグラムで、おいしそうな厚揚げをのせている方の写真を見て、翌日買いに走りました。インスタグラムから、献立のヒントをもらうことが多いです。

▶ 2016/03/02 | トーストとコーヒーの朝食

信州の「わざわざ」で購入したパン。シンプルな材料で、薪窯で焼かれたパン。山の上にひっそり佇む素敵なお店です。お店でいただくのと同じように、厚切りにして切れ目を入れました。切れ目から小麦のいい香りが広がって、とても幸せな気持ちになります。

▶ 2016/03/11
お気に入りのどんぶりで朝ごはん

なんとなく彩りを考えて卵をのせてみましたが……魚卵だらけで、コレステロールとりすぎな朝でした。写真に撮ると、あとで反省点が見つかることが多々あります。お気に入りのどんぶりは、益子へ行ったときに購入したもの。この器でいくら丼が食べたい！と思って買ったので、念願がかないました。

▶ 2016/03/16
おいしいパンで朝ごはん

トーストは、網でじっくりと焼いて、バターをのせて食べるのが大好きです。はちみつをかけることも。パンは、地元のパン屋さんで購入したり、県外に遊びに行ったときに、その土地のおいしいパン屋さんを調べて、買ってくることもあります。基本はごはんが多いですが、時々パンとコーヒーの朝も、あります。

▶ 2016/03/18 ｜ 納豆で朝ごはん

納豆＋卵＋ねぎ、なめこと豆腐のみそ汁、ひじきの煮物、ほうれん草のごま和え、いちご。
お弁当用に、ひじきを沢山煮ました。そのまま食べても、ひじきごはんにしてもおいしい。黒い器は、鎌倉を旅した際に出会った馬酔木誠（アセビマコト）さんの作品。均一でない黒が、とても美しいです。

▶ 2016/03/20 ｜ シンプルな朝ごはん

納豆＋キムチ＋刻みのり、具沢山のみそ汁。忙しい朝や食べ過ぎた翌日の朝は、こんなシンプルすぎるくらいの朝食です。

▶ 2016/03/21 ｜ 目玉焼き醤油バタートーストで朝ごはん

目玉焼き醤油バタートースト。本で知ったこのレシピは、簡単でおいしいのでリピートしています。網焼きしたトーストの上でバターを溶かし、そこにお醤油をすこし。目玉焼きは半熟が好み。
炒りごまをぱらぱらとかけると、香ばしくてさらにおいしいです。

▶ 2016/03/27
ペリカンのパンで朝ごはん

パンは東京へ遊びに行ったとき、浅草の「ペリカン」で購入。浅草へ行くと必ず寄るくらい、お気に入りです。白くてぽってりとした器は、簡単ごはんでもおいしそうに見せてくれるのでお気に入り。ヨーグルトにはいちごを。旬の果物を沢山とりたいです。

▶ 2016/03/28
冷蔵庫お掃除メニューで朝ごはん

目玉焼きやウインナー、黒豆など、残りもので冷蔵庫のお掃除day！ 納豆にねぎは、大好きな組み合わせです。わかめと豆腐のおみそ汁も、手軽だけどおいしくて大好物。海藻やお豆を、なるべくとるように心がけています。

▶ 2016/03/29 ｜ ハンドドリップコーヒーで朝ごはん

パン屋さんで購入したパンと、ウインナーといちご、フルーツ入りヨーグルト。パンの日は、なるべくコーヒーが飲みたいと思っているので、少し早起きしてお豆を挽いて、ハンドドリップで淹れています。

▶ 2016/04/05 ｜ 山食パンで朝ごはん

お気に入りのパン屋さんのひとつ、吉祥寺の「ダンディゾン」で購入した山食パンで朝ごはん。そのまま食べてもバタートーストのような、贅沢な味わい。少しはちみつをたらして食べるのが好きです。栃木のギャラリーで購入した木のカッティングボードは、温かみがあってお気に入りの品です。

▶ 2016/04/05 ｜ 残りもので簡単朝ごはん

冷蔵庫の中にあった残りもので、簡単朝ごはん。納豆＋キムチ＋ねぎ、ニラのかき玉汁。そして大好物の梅干し。
私は、名所の桜もいいけど、通勤路にある桜の木が一番好き。憂うつな気持ちで通った新社会人の頃を思い出します。あの頃、荒波に揉まれたので強い女になりました。

▶ 2016/04/06 ｜ 発酵食品が主役の朝ごはん♪

納豆ごはんにさつまいものおみそ汁、甘酒で、発酵食品が主役の朝ごはん♪　納豆に卵黄をのせて、ねぎをたっぷりちらして食べるのが大好きです。おみそ汁は複数の具材を入れるのが好きだけど、さつまいもは単体でたっぷりと。甘くて幸せな気持ちになります♥　いただきものの甘酒は、瓶入りで手軽に飲めるので、ちょっと美容も意識しながら取り入れています。

07 Natsukiさん
Natsuki

🔻 Instagram
Instagram user name「natsuki_717」
https://www.instagram.com/natsuki_717/

家族構成
夫、6歳の息子の3人家族
平日の朝ごはん作り開始時間と所要時間
6:00〜　10分〜15分
休日の朝ごはん作り開始時間と所要時間
8:00〜　30分

お花と大好きな器を並べ、楽しみながら準備しています。

世田谷区在住。人材系営業職で働く30代ワーキングマザー。テーブルにお花を飾り、大好きな器を食卓に並べ、日々の暮らしを大切にしています。

▶ 朝ごはんのこだわり
日々忙しくお昼も夜ごはんも全く余裕がないので、朝ごはんは彩りを大事に、好きなものを食べるようにしています。テーブルやちゃぶ台に好きな器に飾ったお花、今日はどの器に何をのせようか？　と楽しみながら準備。素材にもできるだけこだわり、オーガニック、オイシックスやファーマーズマーケットで調達しています。

▶ これからチャレンジしたいこと
和食にチャレンジしたいです！

▶ こだわりの調理道具や愛用のモノ
成田理俊さんのフライパンは何を作ってもおいしくなるので愛用しています。staubのお鍋、器はアンティークや作家さんのものを使っています

▶ 2015/11/22
クラムチャウダーとパンの朝ごはん

クラムチャウダーとパンの朝ごはん、温まります。……でもドリンクはハーブコーディアル＆ペリエ。今日は息子のるいの七五三でバタバタなのに、夜中るいが鼻血を出したのでさらに余裕なし！　洗濯物大量です！　これも振り返れば楽しい思い出!?

▶ 2015/11/23
手まり寿司で朝ごはん

手まり寿司と言うよりただのお寿司な感じですが、手まり寿司作るの大好きです！ かなり慣れてテキパキ作れるように。菊をのせたサラダはホワイトバルサミコ酢＆オリーブオイル、ソルトでシンプルに。この組み合わせがいちばん好きです。

▶ 2015/11/28
残り物片付け朝ごはん

晴れた土曜日。冷蔵庫をリセットするためのお片付け朝ごはん。おにぎり、常備菜を巻いた生春巻き、卵焼き、紅芯大根、かぶはさっと酢漬けに。残り物でも華やかなテーブルになるように買う野菜の色は明るいもので！

▶ 2015/12/28
厚焼きパンケーキ

Instagramで何度も気になっていた厚焼きパンケーキにやっと挑戦！ セルクルがないので牛乳パックで……こんな時間のかかるもの、平日はやはり無理！ 30分くらい焼いていたような気がします。これを2枚食べるのは厳しい！が感想です（笑）。

▶ 2015/12/29
おひつを買いました！

「茅乃舎」のだしで作った炊き込みごはんと豚汁で朝ごはん。今年1年のご褒美に「栗久」のおひつを買いました！ 高級なのでずっと悩んでいましたがついに！ 素敵～♪ 買ってよかった！ 今月買ったお皿やらの金額を計算したら衝撃を受けましたが……。でも幸せ。

▶ 2016/02/04 | パンサラダで朝ごはん

温玉／アボカド／玉ねぎマリネ／大根／ケール等

パープルでコーディネートした朝ごはん。ちょこっとパープルを使うのが好きです。成田理俊さんのフライパンでベーコンをカリッと焼き、そこでパンを焼く。最高においしいです！ 野菜もたっぷり！ やっと木曜日、明日はお休み予定がスケジュール調整できず朝だけ出勤。今週もあと少し頑張りましょう！

▶ 2016/02/05 | クレープで朝ごはん

昨夜クレープ生地を準備して、朝は焼くだけ簡単クレープ朝ごはん。毎回上手にひっくり返せず苦戦していますが……食べるのはあっと言う間。ハーゲンダッツのバニラアイスを添えて！ 今日も忙しい、急いで写真を撮って行ってきます！

▶ 2016/02/07
パンケーキで朝ごはん

パンケーキ大量に焼きました！ フルーツはりんごしか食べない息子が「バナナ食べられそう！」と言うのでお花型にしましたが、結局一口も食べずでした。これまで好きなフルーツは断トツグレープフルーツでしたが、さらにおいしい「オロブロンコ」に出会いました。甘くて最高！

▶ 2016/02/13
今朝は和食でひとり朝ごはん

息子が実家にお泊まり中のため、今朝はのんびりちゃぶ台でひとり朝ごはん。先日泊まったお宿の朝ごはんをイメージして色んなおかずをちょこちょこと。ごはん1杯じゃ足りない感じですね（笑）。お櫃の良い香りがごはんにうつりおいしくいただきます。

▶ 2016/02/16
加島屋さけ茶漬で朝ごはん

今朝は「加島屋」さけ茶漬け＆いくら醤油漬けで朝ごはん。「光浦醸造」の「まほうだし」をかけてだし茶漬けでいただきます。菜の花を添えて。おいしい！

▶ 2016/02/25
フレンチトーストで朝ごはん

こんなに食べれるか？と不安になった銀座「セントル ザ・ベーカリー」の角食。……心配することもなかったようであと4切れ分。シンプル好きな私としては焼かずにそのままがいちばんでした！

▶ 2016/02/27 | ドーナツで朝ごはん

チョコレート好きな息子が喜んでくれるかも！と手を汚しながらドーナツを焼き、クーベルチュールチョコレートで頑張ったのに「ママ、るいはチョコないのがいい！」……。いつもそんなものです。カカオニブ、ピスタチオ、ラズベリーでトッピングも。息子、大好きなドラえもんが上手に描けるようになりました。成長したなぁ。

▶ 2016/02/28 | のんびり日曜日

のんびり日曜日のはずが……いつも通り息子に起こされました。今日はしらす丼！ おいしいしらすをごはんにたっぷり、ごま油と塩で。私は豪華版でいくらのせ。肉豆腐と一緒にいただきます！ 夫の北海道土産は白い恋人、みそラーメンでした。みそラーメン大好き!!

▶ 2016/03/03
手まり寿司で朝ごはん

桃の節句。手まり寿司で朝ごはん。たねやの和菓子はかわいいだけでなくとってもおいしいです！　女の子のいるお家はもっと華やかでしょうが我が家は息子だけなのでこれくらいで。手まり寿司はきゅうりで巻いたり、お花を散らしたりして華やかに。

▶ 2016/03/12
セントル　ザ・ベーカリーの角食

今朝は冷蔵庫をあさって何か出てくるかな？なんて思っていましたが、父が「セントル　ザ・ベーカリー」の角食とプルマンを買ってきてくれました！　そしてそのまままるいとドラえもんの映画に出発。角食おいしすぎる！
　バターにフランスのおいしいソルトをパラパラ、桜の塩漬けを添えて。

▶ 2016/03/13
オープンサンドで朝ごはん

今朝はセントル　ザ・ベーカリーの角食でオープンサンド。フルーツサンドよりオープンサンドのほうが生クリームが多過ぎずいいかも！　今日もとってもおいしい「丹那生クリーム」、白ぶどうのトンプソン、いちご、オロブロンコ。ホットレモンとともに、最高です！

▶ 2016/03/19
父の芦屋土産

父が鞄からぽん！と出した「ルビアン」の高菜＆明太子バケット、「ポッシュ・ドゥ・レーヴ芦屋」の和三盆リングサブレ。芦屋出張土産ですが食べログチェックしたら点数高いお店！　父はどこから情報収集しているのでしょう？（笑）。

08 ERIKOさん
ERIKO

Instagram
Instagram user name「une_vie_favorite」
https://www.instagram.com/Une_vie_favorite/

家族構成
▶ ひとり暮らし（隣の実家に祖母、母、妹、甥っ子）
平日の朝ごはん作り開始時間と所要時間
▶ 平日は朝ごはん抜きです
休日の朝ごはん作り開始時間と所要時間
▶ 6：50〜　所要時間30分
　　　　（※前夜に下ごしらえ60分）

彼に喜んでもらえるように、週末の朝ごはん作りを楽しんでいます。

埼玉県在住、会社員です。実家の隣でひとり暮らしをしています。週末を一緒に過ごす彼に喜んでもらいたくて、朝ごはんを作り始めました。食卓に並んだときに「おいしそう♪」と気分が上がったり、食べながら「おいしいね」と会話が弾んだり……お腹と心を満たす朝ごはんが作れるように励んでいます。

▶ 朝ごはんのこだわり
Instagramでフォロワーさんに教えていただいてから、岐阜県「銀の森」の「竈出汁（おくどだし）」を愛用しています。

▶ これからチャレンジしたいこと
ベーグル作り。彼が「うまい」と言ってくれるようなベーグルを自分の手で作れるようになりたいです。

▶ こだわりの調理道具や愛用のモノ
清岡幸道さんの土鍋のおかげで、お粥が大好きになりました。また、彼からプレゼントしてもらったフードプロセッサーがとても便利で料理の時間が楽しいです。

▶ 2015/09/13
トーストアート

昨日の残り物とトーストで。Instagramで見かけたオシャレなトーストアートを真似たくて。アルミホイルで好きな形を作って、食パンの上にのせて焼くだけなんです。アルミホイルの部分は白く残る……というわけです。

▶ 2015/09/26 | キンパと大根もち♪

キンパ／豆苗とちりめんじゃこのサラダ　大根もち／生ハムユッケ／卵焼き　切り干し大根の煮物／シャインマスカット　和菓子（市販品）

キンパ、食べたことがないので興味津々で……やっと今朝作ってみました。といっても、簡単なもの。ごま油の風味がおいしくて、彼とおいしくいただきました。大根もちは、モチモチ感にはまっています。

▶ 2015/11/07
スフレドリアを再現！

星乃珈琲のスフレドリアを再現♪　本当においしかった！作り方は……卵2個を白身と黄身に分ける→白身に塩をひとつまみ程度加えて、ハンドミキサーでしっかりしたメレンゲを作る→そこに溶いた黄身を3〜4回くらいに分けて加えていく（泡をつぶさないように切るように混ぜる）→ドリアの上にこんもりのせて180℃のオーブンで10〜15分焼くだけ。

▶ 2015/11/14
だまっこ風雑炊

鯛まるみそのせ　だまっこ（風）雑炊　れんこんのはさみ揚げ／里芋となすのそぼろあんかけ　マーラーなす　セロリの醤油漬け　きゅうりの塩麹漬け　しいたけ艶煮（銀の森）

雑炊の「だまっこ」は笠原将弘さんのレシピです。ごはんをすりつぶして丸めて焼いて→お鍋に入れるレシピ。卵の黄身を塗って焼きました♪　「銀の森」の竈出汁（おくどだし）で和風卵スープ、ハマるおいしさでした。

▶ 2015/11/28　りんごのベーコンでサンドイッチ

今日はコストコの「アップルスモークドベーコン　林檎のベーコン」&目玉焼きを挟んだサンドイッチの朝ごはんでした♪　特にりんごの味や風味はわからないのですが……とーってもおいしいんです。もうコストコ必須食材です。ミネストローネにも、たーっぷり入れました。厚切りにしたベーコンを2枚も挟んだので、お腹が苦しかったです（笑）。

▶ 2015/12/12　ふわっふわフレンチトースト

今朝の朝ごはんはフレンチトーストでした。ホテルオークラの再現レシピなのですが、ふわっふわでとってもおいしいのです。牛乳、卵、砂糖、バニラエッセンスを混ぜたものに食パンを片面12時間ずつ。計24時間つけ込みますが、私は一晩に短縮。弱火で軽く温めたフライパンにバターを入れ、つけておいたパンを並べます。弱火のまま（←重要）、蓋をして片面7〜8分ずつ焼いてできあがり♪

▶ 2015/12/20
narucoさんのベーグル

ベーグルをこよなく愛し、自らもおいしそうなベーグルを作るnarucoさん（Instagramユーザーネーム @naruco2 さん）のベーグルを食べてみたくて、先日注文をさせていただきました♪　まずはプレーンを何もつけずに一口かじってみると小麦粉の甘みがしてとってもおいしい……！彼とふたりで「おいしいね♪」とウキウキ嬉しくいただきました。

▶ 2016/01/05
塩そぼろビビンバ

塩そぼろビビンバ、とてもおいしかったです♪　そのままだと少し和食っぽさもあって、タレを混ぜるとビビンバらしくなって、違う味が楽しめました。彼にも喜んでもらえました。

▶ 2016/01/17
堤人美さんのレシピ本から

れんこん＆チーズのせ焼きおにぎり／豚肉と大根と卵のはちみつ醤油煮／かぼちゃのいとこ煮／豆苗とくずし豆腐の和風ナムル／お新香

「はちみつ醤油煮」と「和風ナムル」は、先日購入した堤人美さんのレシピ本『自分に、大切な人に作ってあげたくなるごはん』から♪　この本のタイトルいいな。「今日の全部おいしい」と言ってもらえて嬉しかった朝。

▶ 2016/02/07
『孤独のグルメ』のつくね＋生ピーマン

『孤独のグルメ』に登場していた「つくね＋生ピーマン」と「信玄袋」を（テキトーに）作ってみました♪　生のままのピーマンにつくねを押し込んで食べるのです。主人公がパリパリと音をさせながら「ウマい！　苦ウマい！」と心の中でつぶやきながら食べている様子がおいしそうで。実際、生のピーマンのパリパリ食感とみずみずしさ、苦みもさわやかでおいしかったです！

▶ 2016/02/10 ｜ 土鍋でお粥♪

お粥、私は今まであまり好きではなかったのですが、土鍋の使い始めの「目止め（新しい土鍋で米や小麦粉を入れた汁を煮て、表面の細かい穴をふさぐこと）」にはお粥が良いらしくて「これも末永く使うために」と作り始めました。作っているうちに、やっぱり新しい土鍋が嬉しくて、お粥のお供を揃えるのも楽しくてウキウキ♪　そして……できあがったお粥はビックリなおいしさ！　たっぷり作ったお粥をモリモリ食べてしまいました♪

▶ 2016/02/20 ｜ おでんで朝ごはん

昨日は前夜に仕込んだおでんで朝ごはんでした。ローソンのおでんに入っているだし巻き卵、真似てみたらおでんの味が染み込んでおいしかったです。それからトマトも初めて入れましたが、見た目もかわいくてウキウキ♪　さっぱりおいしい。もうひとつ初めてだったもやし巾着も、シャキシャキで美味でした♪「いろいろ入っておでんじゃないみたい（←ほめ言葉）」と彼にも喜んでもらえて良かった。

▶ 2016/02/21
おでんリメイクカレー

おでんをリメイクしたカレー。おでんがカレーになるなんて。意外にもはんぺんがやわらかいお肉みたいでおいしかったです。

▶ 2016/02/28
コロッケはやめてメンチカツに♪

メンチカツ／きのこのアヒージョ／マッシュポテト／人参と紫キャベツのラペサラダ／お店のワッフル

今朝は「チーズ入りコロッケにしよう♪」と思っていたのですが、何気なく彼に「コロッケって好き？」と聞くと「あっ♪　メンチカツ好き！」「えっ……」。そしてコロッケの予定はメンチカツになりました。形は「ブラジレイロ」さんのミンチカツレツ風です（←行ったことありません）。

▶ 2016/03/07
ふわふわだんごが崩れてしまい……

炊き込みビビンパ／ふわふわ長芋だんごのおみそ汁／長芋ぬか漬け／ハツ橋風大福いちご

Instagramのフォロワーさんに教えていただいた、とってもおいしそうな「ふわふわ長芋だんごのおみそ汁」、張り切って朝一番に作ってウキウキ。温め直していたら、炊き込みビビンパに気をとられて沸騰！　肝心のふわふわだんごが崩れてしまいました……また作ろう。

▶ 2016/03/20
ネーミングに釣られて

うどんde台湾まぜそば／キムチ入り水餃子／たけのこの土佐煮／厚揚げ（明太子長ねぎごま油のせ）／ラディッシュ／「鎌倉紅谷」の「クルミッ子」

COOKPADで「掴め男の胃袋！うどんde台湾まぜそば」（ID3355750）という台湾混ぜそばを発見（笑）。そそられるネーミングに釣られて作ってみたらおいしかったです♪

09 加織さん
Kaori

➡ Instagram
Instagram user name「coco_kontasu」
https://www.instagram.com/coco_kontasu/

家族構成
ひとり暮らし
平日の朝ごはん作り開始時間と所要時間
20分程度（弁当を作る時間も含む）
休日の朝ごはん作り開始時間と所要時間
30分程度（朝昼兼用が多いです）

薬膳アドバイザー資格を取得。旬の野菜をしっかり食べたい！

関西出身で、関東に住み始めて3年。IT系企業の営業として働きながら、会社の労働組合の企画で料理研究家の方と一緒に料理教室を開催。「You are what you eat（あなたはあなたの食べたものでできている）」という言葉に出会ってから、食べ物と自分自身は密接につながっていると思うようになり2016年には薬膳アドバイザーの資格を取得。

▶ 朝ごはんのこだわり
旬野菜をなるべく多く摂ることを心がけている。忙しい日も旬野菜たっぷりのみそ汁1杯は必ず飲む（お手軽デトックス）。

▶ これからチャレンジしたいこと
旬の食材×自分の体調（精神面も含む）×その日の天気（気温）に合わせた和食。普段、よく作るメニューに薬膳の考え方を取り入れた「ゆる薬膳」。

▶ こだわりの調理道具や愛用のモノ
オイスターソース（和食との相性がよく、時短料理に欠かせない）、計量メモリつきおたま、輪島塗の汁椀

▶ 2015/05/11
私の誕生日前のおうちごはん

「バーミキュラ（メイドインジャパンの無水調理可能なホーロー鍋）」を購入してから初めての料理は「ごはん炊き」と決めていました。ごはんの味が引き立つよう、みそ汁、焼き魚、副菜の定番スタイルで。「たけのこバター醤油炒め」は、大好きな薬膳料理研究家さんのレシピより。GW中の食べ過ぎで増えた体重も元に戻っててちょっと一安心。ランニングと日々の粗食のおかげで、食べ過ぎてもすぐ体重が戻るようになりました。

▶ 2015/10/05 ｜ バーミキュラで無水カレー

トマトを使用した無水カレーを作りました。バーミキュラあってこそのメニュー。トマトの水分だけで煮込んでいます。具材を切って、コトコト煮込んでからカレールーと調味料を入れて完成。隠し味は、「daylesford（デイルズフォード）」で買ったレッドオニオンのチャツネ。
カレーにコクが出ます。お気に入りのイイホシユミコさんのお皿でいただきました。

▶ 2015/12/04
飾りいなり寿司

クリスマスと和食、なんか違和感があるかもしれませんが、イイホシユミコさんのお皿が不思議と雰囲気をまとめてくれます。ハレの日によく作る「飾りいなり寿司」は具材を変えるだけでアレンジ無限大。この日は、人参しりしりとちりめんじゃこで作りました。

▶ 2015/12/18
即席で作れる焼きおにぎり茶漬け

お茶漬けのだしは、熱湯に少しのめんつゆを足すだけで完成。炊き立てのごはんに、醤油、料理酒、ごま油を混ぜて握って冷凍すれば自家製冷凍食品のできあがり。時間のある日は焼きおにぎりにしたり、時間のない日はそのまま解凍して食べてもおいしい一品です。

▶ 2015/12/26 | そうめんを油そば風に

そうめんが沢山残っていたので、油そば風にアレンジ。めんつゆとごま油をゆでたそうめんと混ぜるだけですが、とってもおいしくてハマりそうです(笑)。トッピングは冷え対策として、大根おろしとねぎをたっぷりのせました。お野菜が足りなかったので、10cmのSTAUBでミニポトフをプラス。

▶ 2016/01/03 | 仕事始めに向けて

お正月の残り物をつまみつつ、仕事始めに向けておにぎり作り。冷凍用の焼きおにぎりを早速仕込んでます。醤油、酒、ごま油をごはんと和えて冷凍するだけ。私はめんつゆとごま油で和えてます。解凍してそのままでも、焼いてもおいしく食べられますよー。伊達巻き、紅白なます、数の子は全て母親が仕込んでくれたもの。

▶ 2016/01/09 | ハレの日仕様のおにぎり

休みの日は、沢山のごはんを炊いておにぎりを作ることが多いです。この日は、梅と野沢菜で2色のおにぎり作り。身近な食材だけど、2色合わせることでハレの日仕様に。今日は習っている茶道の初釜。新しい炭をおこし、炉を囲んでお茶をいただきながら新年を祝います。私にとって茶道とは、器選びや一つ一つの作法に込められた意味の向こう側にある「相手への心遣い」を学ぶ大切な時間です。

▶ 2016/02/01
菜の花と鮭の炊き込みごはん

まだまだ寒い小春日和の中、菜の花が出回り始めたので炊き込みごはん作り。鮭ときのこを合わせて炊いた後に、菜の花をトッピング。カルシウムやビタミンが効率良く取れる組み合わせです。

▶ 2016/02/03
節分の日、
ちょこっと恵方巻きで朝ごはん

関西で生まれ育ったからか、毎年節分の時期になると恵方巻きは欠かせません。この日は白米と黒米の2種類で太巻き作り。かんぴょう、えび、卵、きゅうりとシンプルな具材が一番おいしい。歳を重ねるたび、歳の数だけ豆を食べるのがだんだん辛くなってきました。

▶ 2016/02/07 | 梅粥と風邪に効くおかずで朝昼ごはん

風邪をひいたので、薬膳の本を引っ張り出してきて自分の症状に合わせて献立を作りました。寒い時期の風邪には体を内側から温める「えび」と「ニラ」を摂ると効果的。身近にある食材で身体に効く料理を勉強するきっかけになった日。

▶ 2016/02/22 | 白米、みそ汁に主菜、副菜の定番スタイル

いわしのしょうが煮は、煮汁までおいしい大好きなメニューのひとつ。「甘辛い」味は、和食にとって切っても切り離せない関係だとつくづく感じます。さつまいも、山芋とろろの食物繊維で、お通じを良くすることも忘れずに。

▶ 2016/03/22 │ なんちゃって懐石風の朝ごはん

桜ごはんの素を使ったおにぎりで桜の開花待ち。京都でよく食べられている「生麩」は自家製の西京みそタレと一緒にいただきました。

▶ 2016/03/26 │ 彩りを考えた定番スタイル

小さなおにぎり、おみそ汁、焼き魚、お惣菜といった和食のど定番スタイル。彩りが良いと食欲も進みます。ポイントは切り干し大根のトマト煮。和風の味付けに飽きたら、トマト煮にして洋風にアレンジしています。

10 魚部順子 さん
Junko Uobe

Instagram
Instagram user name「hibigoto」
https://www.instagram.com/hibigoto/

ブログ
「朝の台所」
http://asanodaidokoro.blog.fc2.com/

家族構成
夫とふたり暮らし
平日の朝ごはん作り開始時間と所要時間
6：30〜　所要時間15〜20分
休日の朝ごはん作り開始時間と所要時間
6：50　所要時間20〜30分

> 昼と夜は摂生。
> 朝ごはんは
> 好きなものを
> いただいています。

高校大学時代を共に過ごした同級生の夫とふたり暮らし。40代も後半に突入。手作り品を扱うweb shopを運営しつつ、週に数日友人の会社で事務をしています。朝ごはんを食べないと調子が出ないので、ひとり暮らしの頃から用意してますが、野菜中心の薄味を意識するようになったのは腎臓の病気がわかってから。昼夜の食事は摂生しているため、朝ごはんだけはしっかり好きなものをいただきます。

▶ 朝ごはんのこだわり
いただきものの手作りランチョンマットを愛用。／再発見した地元の麦みそ（愛媛県・矢野みそ）で、みそ汁を。

▶ これからチャレンジしたいこと
今後、夫婦の趣味に釣りを加えたい。釣ったお魚を調理して、朝ごはんの一品に加えることが大きな目標です。

▶ こだわりの調理道具や愛用のモノ
いただきものの、持ち手を外せるフライパンとお鍋は、思い出深く、使いやすいので重宝しております。あとは、タッパーを相当数活用しています。

▶ 2015/10/12
パスタ麺で焼きそばを

前の日にさんざん飲んで、食べて、やってはならぬ〆ラーメンまで（>_<）　珍しく胃もたれしてお腹が減らず、遅い朝ごはん。中華麺がなくて、パスタ麺で焼きそばを。だけど焼きそばだなんて、ちっとも反省してないですね（>_<）

▶ 2015/11/18 ｜ 朝起きてすぐに肉を焼く

ポークステーキごはん／サラダ／長芋とかぶの酢の物／さつまいものサラダ／ちくわぶのトマトスープ

がっつり〜朝ごはん。朝起きてすぐに肉を焼く自分の食欲にびっくりです。ちくわぶ、また登場です。思った以上に長いのか、なかなか減りません。いや違いますか。レパートリーが乏しく、また汁物で小出しにしています。

▶ 2015/11/23 ｜ ベーコンと根菜のカレーライス

今回のカレーは野菜の量がいつにも増して多くて食べ応えあります。玉ねぎ、大根、赤かぶ、人参、さつまいも、ハヤトウリ、れんこん、ブロッコリー……で、また食べ過ぎです。

▶ 2016/01/15 | ポトフからシチュー

クリームシチューごはん（ソーセージ・新玉ねぎ・人参・セロリ・かぶ・キャベツ・パセリ）

前日のポトフをクリームシチューにリメイク。わざと多めに作っておいて、アレコレと展開料理を考えるのも、楽しみのひとつ。何だか得した気分です。

▶ 2016/02/26
納豆パスタ

たまに食べたくなる納豆パスタ。ベーコンと合わせることが多いのですが、今回は残っていたイカで。オリーブ油でニンニクと鷹の爪をジリジリッと炒めたところに、イカと添付のタレを混ぜておいた納豆を加えてさらに炒めます。パスタとゆで汁を投入し、塩ごま少々、最後にじゃっと醤油も少し。で、できあがりです^^

▶ 2016/03/05
冷たいおうどんで朝ごはん。

サラダうどん（アボカド・クレソン・とびこ・半熟ゆで卵）、煮物（鶏肉・大根・人参・こんにゃく・スナップえんどう）、ぶどう

余ってるものをかき集めて作ったもの。十分おいしい。この日のサラダうどんのスープは、色白。薄めのめんつゆに牛乳、マヨネーズ、練りごまで。

▶ 2016/03/20 ｜チーズクリームパスタ

この朝はクリーム系。先日からカレーに揚げ物、ソース味ときてまして、こってり続きデス^^　具材はシンプルにウインナーだけ。チーズと黒こしょうたっぷりの濃厚クリーム、たまりません。

▶ 2016/03/21
ステーキで朝ごはん

ステーキ／フライドポテト＆オニオン／ガーリックライス（キャベツ・パセリ）／アボカドサラダ／ビーフコンソメスープ

昨晩の夫ごはんは、翌朝のワタシごはんに。ホイルで包んでおいたので、翌朝もしっとり柔らかくおいしかったです。もう少しレアにすればよかったな〜。にんにくの香りぷんぷんさせて出かけます。

▶ 2016/03/25
じゃこと菜花の和風パスタ

じゃこと菜花の和風パスタ（しそわかめふりかけ・おろし大根・小ねぎ）／サラダ（ホワイトセロリ・プチトマト・アルファルファ）／えのきとほうれん草のおすまし（きくらげ）／清見

前の晩に作った菜花のからし和えを使って、和風パスタ。和風だけれど少しだけチーズ（とお醤油）も加えて、こっくりをプラス。

▶ 2016/03/27 | ホワイトソースがけかき飯

ホワイトソースがけかき飯。自分のためだけに好きをぎゅっと詰めました。かきはさっと湯がいて取り出し、そのお汁でごはんを炊いて、塩味少なめなホワイトソースを作って……。夫のごはんより手をかけたかも(笑)。あ、帰ってきました…。

▶ 2016/04/01 | ラーメンととんかつ

(インスタント)ラーメン(粉末スープは3分の2弱、小ねぎ)／グリーンサラダ／かぼちゃチーズサラダ／ひと口とんかつ

もはや挑戦としか思えない!?　ラーメン&とんかつの朝ごはんデス。前の晩にごはんを炊かなかった(冷凍もなく)上に、パンの気分でもない……。袋麺、迷わず破りました(少しだけ夫にもおすそ分けしました。)。

▶ 2016/04/04 | マゴチとほたるいかのどんぶり

マゴチとほたるいか丼（しょうが酢飯・海苔・わかめ・ゆでブロッコリー・熟れたすだち）／わさび漬け／トマト／炙ったマゴチのアラのおすまし（小ねぎ）／清見

昨日は小雨のばらつく曇り空でしたが、朝ごはんのあとに桜を見にドライブへ。桜の続く遊歩道をゆっくり散歩したあと、少し遠いスーパーまで足をのばして。新鮮な海鮮もたんまり買えました。ほたるいか、おいしいですね〜。さっと湯がいたんですが、かなりちっこくなりました。

▶ 2016/04/09 | 明太子とカマンベールのパスタ

明太子とカマンベールのパスタ／いろいろ焼き野菜の南蛮

土曜日。パスタは明太子を使って。よく作る野菜南蛮、今日はなす、新玉ねぎ、人参、ピーマンを多めのオリーブ油で焼いて、最後に生のプチトマトを加えます。南蛮のたれも気分で少しずつ変えてますが、今回は、甘酢にしょうが、ごま油、少しのポン酢とお塩。前の晩に作って冷たくしたのをいただきます。

11 かおしさん
Kaoshi

➡ Instagram
Instagram user name「cao_life」
https://www.instagram.com/cao_life/

家族構成
夫、チワワ2匹
平日の朝ごはん作り開始時間と所要時間
6：30くらい〜　30分くらい
休日の朝ごはん作り開始時間と所要時間
8：00くらい〜　40分くらい

> 時間があれば
> おいしいものの
> 情報収集に
> 勤しんでいます。

　うちごはんも食べ歩きも大好きで、時間があればおいしいものの情報収集に勤しむ日々。万年ダイエッターなので、カロリーが気になるものは朝に食べたい！　なので、朝ごはんが3食の中でいちばん気合い入ります！　晴れの国・岡山でOLをしながら、家族とのんびり暮らしています。

▶ 朝ごはんのこだわり
パンはおいしいものが食べたくて、基本的にお取り寄せなどをして冷凍庫にストックしています。

▶ これからチャレンジしたいこと
我が家は麺も好きなので、朝ごはん向けの麺のレシピを研究したいなと思っているところです。

▶ こだわりの調理道具や愛用のモノ
最近のお気に入りは「バルミューダ・ザ・トースター」！　冷凍したパンもおいしくリベイクできますし、ロールパンやクロワッサンも焦げない。最高です。

▶ 2016/02/02
バゲットは
バルミューダ様にお任せ

統一感のないうつわ合わせがマイブームです。今朝は、吉田次朗さんの繊細な薄いお皿に、日本の古いマグ、ルーマニアの素朴なボウル。チグハグ感が心地よい（笑）。冷凍してた「ゴントラン シェリエ」のプチバゲットをバルミューダのバゲットモードでリベイクしてみたら、外はパリッ、中はモチッとやわらかく焼けて感動！　こんなちっちゃいバゲットはカッチカチになるからと、今まではもっぱら蒸してたけど、これからはバル様にお任せだわ♥

▶ 2016/02/15
京都なトースト

「辻和金網」の焼き網を初使用。きれいな格子状の焼き目って難しいのね。リベンジしなきゃ。パンは京都「進々堂」の「醍醐味」という名前の食パン。バターは京都展で買った「そら」のミルクバター。京都なトーストになりました。おいしかった! あと野菜たっぷりトマトスープ。成井恒雄さんのうつわで。このうつわ、かなりお気に入り。

▶ 2016/03/14
とろとろ玉ねぎのスープ煮

スーパーの産直野菜コーナーで見つけた葉玉ねぎの、玉ねぎ部分だけを昨夜からスープ煮に。トロトロで甘くておいしかった! 切り分けた葉っぱのほうは、今夜、卵とじかおみそ汁に使う予定。パンは「ナカガワ小麦店」の「アン」。バゲットの生地で、中には控えめな甘さに炊かれた大納言。この組み合わせがおいしくて大好き。あとは目玉焼きとウインナー、コーヒーでした。

▶ 2016/03/16 | 網焼きパン成功!

網焼きパン。初めてのときは格子模様にならず、2回目にチャレンジしたときは下半分が真っ白……。Instagramのお友達に教えてもらったとおりに、煙が出そうなくらい網を熱してからパンをのせてみた。こ、格子模様になってる!!! なおちゃん(@amu__)、ありがとう! 今回は下半分だけ真っ白にならないよう、置く位置にも気をつけました(笑)。なるほど何事にもコツってあるんだなぁ。やっときれいに格子模様に焼けてテンションが上がり、今日は仕事がはかどっております!

▶ 2016/03/25 ｜ ウニ丼の朝！

昨日、魚売り場で塩水ウニに50%引きのシールが貼ってあるのを発見!!大好物の塩水ウニ……1パック、半額で1200円ほど。近所のスーパーで、誕生日などのイベントごとでもないのに、食材ひとつで1000円を超えるものを購入するのは、とても勇気がいる……。頭の中で必死に言い訳を考える私。「明日給料日だから、今月もお仕事頑張ったということで」「今月は1回も飲みに行ってないし」「北海道展や通販で買うよりだいぶ安いし」「旦那氏が出張中だから、買うのはひとり分でいいし」←おい！（笑）ということで、ウニ丼の朝でした。最高！

▶ 2016/03/29 ｜ パンがおいしくて幸せ

2年ぶりに食べる「ダーシェンカ」さんのパンが、かなり好みの感じでおいしくて幸せ。前夜から解凍してたパンを、バゲットモードで3分半（スチーム付き）。ふわふわ！ おいしいパンとバルミューダ、このタッグ最高！あとは、成田理俊さんのフライパンで、産直で買った平飼いの卵、芽キャベツ、太いアスパラ、かたまりのベーコン。旦那氏が「ちっちゃいキャベツうまっ！」と言っておりました。

▶ 2016/04/03 ｜ アスパラと卵のパルメザンチーズトースト

バルミューダの公式サイトにあったトースト。黄身をくずしてガブリ……おいしい！
昨夜、旦那氏がクックパッドを見ながら作った初めての焼きそば、なかなかおいしかった。しかし、本人的には納得いかない仕上がりだったらしい。ほほぅ、そうですか、それではまたリベンジしてもらいましょうか。キッチンの片付けはする気はないらしいですが、ビール飲みながらテレビ見てたら焼きそばが出てくる……それだけで幸せ。ありがたや～（笑）。

▶ 2016/04/03 ｜ たまごサンドとハム野菜サンド

「ル・パン・ドゥ・タカ」のちぎりパン、3個（3山）つながったものを2列買ってきたので、たまごサンドとハム野菜サンドに。ちぎりパン、結構大きめなのに、1個（1山）、確か38円！ 安い！ そして、しっとりしていておいしいんです。2個ずつ食べたら満腹になったので、残りの2個（2山）は私のお弁当に。
そして……回し者だと誤解されてもいい、ひとことだけ言わせて……トースターのバルミューダ、最高！ とにかくこれは使ったら共感してもらえるはず！ 高いけど、パン好きなら多分後悔しないはず。

▶ 2016/04/09 ｜ 休日のカルボナーラトースト

旦那氏はソフトボールへ。のんびり起きたひとりと2ワンの朝。Instagramで見かけたカルボナーラトーストを作ってみることにしましたが、ナイフを入れてみると、白身の一部に火が通っていない！　ドロッとしている状態で、どうやってもう一度トースターに入れようか……。はっ！　お皿を持ち上げて、裏を見るとそこには「OVEN TO TABLE」の文字が！　イッタラのティーマって、オーブンもOKなのね！　記憶の片隅にはあったけど、オーブンで使ったことがなく、ちょっとドキドキしながらトースターへ。しばし加熱し、白身もイイ感じに。ティーマって素晴らしい！　ものすごく使いやすいし、シンプルなのに存在感があって、ますます好きになりました。

▶ 2016/04/29 ｜ 野菜モリモリの朝ごはん

ほぼ和え物だけで構成された、難易度低いごはん（笑）。薄めの味付けで、モリモリ食べて大満足！　野菜は全部、産直で買ったのだから、新鮮でおいしかった！　仕事の日はなかなかゆっくり作れないし食べられないから、休みの日はうつわもたくさん使えるし、嬉しい♪　基本的に野菜ばっかり食べているのに太るのが謎だわ……（横から「酒だ！」とツッコミが）。
さて、今日は家の大掃除！　4月が忙しすぎて、かなり汚くなってるので、バシッときれいにしてやりますよ！

▶ 2016/05/03
ミートソースで朝パスタ♪

冷凍していたミートソースを使って朝パスタ♪　あと、豆苗の巣ごもり卵。簡単朝ごはんでした。豆苗、安いのに使いやすくておいしくて栄養あって、グッジョブな野菜。今日はのんびり過ごすはずが、GW大掃除第2弾の日になってしまった……。早く終わったらマッサージ行きたいなぁ。

▶ 2016/05/10
地味だけどおいしい朝ごはん

GWの生活リズムの乱れから、やっと抜け出せた気がする朝。炊きたて土鍋ごはんと、平飼いたまごのTKG（卵かけごはん）で朝ごはん。鮭カマを焼いたのと、淡竹（はちく）のおかか炒め、ほうれん草のオイル蒸し、しいたけと豆苗のお味噌汁にみょうがをドサッとのっけた、なんとも地味な朝ごはんでした。でもおいしかった♪　今日は長い残業になる予感……頑張ります！

▶ 2016/05/11 ｜「ライオンなったま」

菱沼未央さん（@fujifab12）さん考案の「スマイルなったま」をちょっと変えて、「ライオンなったま」……のつもりが、あれ？　思い描いてたイメージと何か違うぞ？　ネコ……？（笑）　さて、今日も忙しいけど頑張ります！

12 akunさん
akun

➡ ブログ
「*いつものご飯*」
http://ameblo.jp/akun-akun/

> 家族構成
> 夫とふたり暮らし、近くに実母。
> 東京にひとり暮らしの息子。
> 平日の朝ごはん作り開始時間と所要時間
> 7:00くらいから30〜40分程度
> 休日の朝ごはん作り開始時間と所要時間
> 8:00くらいから小一時間

時間が増えた分、丁寧に料理を楽しみたいです。

ひとり息子が進学を機にひとり暮らしを始め、フルタイムの仕事をしながらも夫と猫4匹ののんびり生活となりました。朝ごはんを大切にする家庭に育ったためか三食の中で一番朝ごはんが好きです。時間が増えた分、丁寧に料理を楽しんでいけたらと思っています。

▶ 朝ごはんのこだわり
なるべく多くの食材が摂れるよう意識しています。朝ごはんだから……というメニューのこだわりがないのがこだわりでしょうか。朝パスタは我が家では恒例です。

▶ これからチャレンジしたいこと
だしをひいたあとのだしがらを使った料理。レシピを増やしていけたらと思います。

▶ こだわりの調理道具や愛用のモノ
かつおぶしをけずる小さなけずり器や包丁のとぎ石など昭和の台所に普通にあったものを愛用しています。

▶ 2015/01/17
センター試験。
いつもの朝ごはん

今日は息子、センター試験の日です。手の込んだことはせず、いつものごはんで送り出します。ちょこっと盛りとレンチンおだしのおみそ汁、そして玉ねぎみじん切りの納豆。私もいつもと変わらないように、と心して作っていましたが手元が狂うことも多くて、緊張してるのかなって苦笑しちゃいました。18時近くまでの長丁場が2日間。さて、今夜は何を作って待つことにしましょうか。

▶ 2015/02/03
ホッとするかな。自家製梅干しの
おにぎりで朝ごはん

今朝は、昨年漬けた私の梅干しと熟成された13年物の父が漬けた梅干し入りのおにぎりで朝ごはんです。
今日は息子の入試日。日帰りできる場所なので、ひとりで出掛けて行きました。もう遠出だって全く心配ない年頃なのに、思い出すのは小学生になって初めてランドセルを背負って保護者なしで学校へ行く姿。さて、どんな顔して帰ってくるかな。

▶ 2015/03/09
できればこれくらい食べてほしい。
ワンディッシュ朝ごはん

息子、大学決まりました！ あまり勉強しなかったけど、それでも決まるもんだ（笑）。週末にはお部屋探しです。料理指南で朝ごはんを一緒に作りました。スクランブルエッグとグリルウインナー。本当はスープを付けたいなとか、サラダはもっと野菜を多くしたいなとか欲が出たのですが、ぐぐっと我慢。これくらい食べてくれないだろうかって思うワンディッシュです。

▶ 2015/03/28
旅立ち

さて3人で朝食を囲んできましたが、とうとう通常3人ご飯はこれにておしまい。今日、息子、お引越しです。最後は和定食になりました。息子ったら一人で頑張った顔をして（笑）。ばたばたとあっという間に出ていっちゃいました。寂しいんだろうなって思ってたけどそうでもないのですよ。これからですかねぇ。

▶ 2015/04/06
これからは夫婦ふたりに
合うごはんを作ろう！

土曜日は息子の大学の入学式でした。サークル勧誘の学生たちのわくわくとした顔すらかわいらしく思えるのは親の目線でしょうか。息子といえば、すでにガイダンスが始まっていたりで、スーツ姿でカメラに収まるとさっさと集合場所へ行ってしまいました。息子がいるときは彼に合わせたメニューも多くありましたが、これからは夫婦ふたりに合ったごはんを作っていこうと思います。

▶ 2015/04/08 ｜ホームベーカリーでトースト朝ごはん。

今朝は久しぶりにホームベーカリーで食パンを焼いて洋朝食。夫さん嬉しげです。小さめに焼いたパンだけど、2回で食べ切ろうとすると結構な量を食べなくてはいけなくて反省。今度からはスライスして、冷凍保存しておこう。野菜たっぷりスープ、サラダ、ほうれん草で巣ごもり卵。人参とりんごジュース、そしてコーヒー……あのね。食べ過ぎ（爆）。まだ、お腹きつくていけません。ちなみにほうれん草はふたり分で1把使いました。だって、今日は生協さんの日だもの。食べ切らないと（笑）。息子がいなくなって、いろんな食材が余ってしまう。ちょっとしばらくの間は買い物も試行錯誤って感じです。

▶ 2015/04/23
朝パスタ健在。
たけのこでペペロンチーノ♪

夫さんリクエストで朝パスタ。辛い物が苦手な息子がいないので、鷹の爪でピリッとさせました。そして小学生の頃、母に教わり初めて作ったサラダ。たまに無性に食べたくなるのです。玉ねぎを薄切りにして塩もみ、きゅうりを斜め5mmに切って追加して塩もみ、トマトを切ってボウルに追加して塩、胡椒、酢を入れて混ぜれば完成。

▶ 2015/05/01
野菜もたっぷり、トマト
ゴルゴンゾーラパスタ

少し前に購入したゴルゴンゾーラチーズ。賞味期限がすぐそこだったので、豚ひき肉、まいたけやチンゲン菜、玉ねぎとともにトマトソースに入れてパスタソースにしました。夫さん、かなり私に感化されました。「お！　こういうパスタいいねー」ですって。結婚して20年。どんなことにでも慣れはあるんですねぇ（笑）。

▶ 2015/05/18
夏が来る♪
大好きな冷やし汁そうめん

毎年夫さんがリクエストするお気に入り。ごまの栄養たっぷりの郷土の味「冷やし汁」で朝ごはんです。本当なら大葉もみょうがも自宅で採れるけど、まだ時期が早いのでスーパーでお買い上げ。すり鉢でごまをすり、みそ、てんさい糖、冷やしてあるレンチンだし汁を入れて、薄くスライスしたきゅうり、玉ねぎ、そして薬味の大葉とみょうがを入れて完成です。

▶ 2015/08/06
息子と作った
3人の朝ごはん♪

昨夜、息子が帰省してきて、今朝は3人でごはん。久しぶりでしたがそういう感じもせず、普通にごはん食べてました。今朝はキッチンにも一緒に立ったのですよ。娘がいないと叶わない夢かと思っていた親子でのキッチン。男子でもいけるじゃん(笑)。痩せたなぁと感じていた息子を体重計にのせたら9kgも痩せてた! これには本人もかなり驚いておりました。

▶ 2015/08/24
頑張ったね?
豚のしょうが焼きの朝ごはん

今朝はしょうが焼き。息子がこの朝ごはんを見て「頑張ったね」と。ボリュームあり過ぎになっちゃったのをそう表現するかと、彼が気を遣ったのが見えて笑えました。少し大人になったかしら(いや、量を反省しろって)。しょうが焼きは豚肉に強力粉をたたき、焼いて玉ねぎを入れ、すりおろししょうがに、醤油、みりん、酒で味付けしました。

▶ 2015/10/01
思い立って
鶏もものトマト煮の朝ごはん

さて、今朝はベッドの中で目覚めたときからトマト味の鶏肉煮込みが食べたくて、いそいそとキッチンに立ちました。材料を全部入れて高圧で5分、とろとろですよ。我が家の圧力鍋は電気式。あのドキドキのシュシュシュって音を聞かなくていいし、高圧も低圧も時間を設定すれば勝手にしてくれます。もう2代目なのですよ。

▶ 2015/10/04
のんびりとブランチ。
チキンロール♪

今朝は意識してお野菜多め。チキンロールは一昨日作って味がしっかりしみています。お砂糖は使わず、でも、カトレア醤油で少し甘みも感じられる仕上がり。里芋の煮込みは電子レンジ任せ。お砂糖、醤油、塩、だし汁に漬けた里芋をレンジ300wで30分煮込んでいます。ピーマンとまいたけはソテーして焼肉のたれで簡単に。

▶ 2015/11/11
仕送りおかず
手書きしてみた。

今日息子のところへ届く仕送りおかずたち。焼肉味の牛肉炒め、牛肉しぐれ煮、ピーマンの肉詰め、クリームシチュー、インゲンの肉巻き、ハンバーグ、鶏のから揚げ、ほうれん草と人参のナムル、トマトスープ。あまり買わないと言っていた、お肉のおかずたち。「高いし、日持ちしないから」買わないんだそう。彼はまだ小分けにして冷凍するという手段は知らないらしい（笑）。

▶ 2015/12/29
3人揃って
定番和食の朝ごはん

クリスマス終わりで息子のアパートへ出掛け、キャンパス移動のための新しい部屋を決める算段をしたり忙しく動いていました。年明け2月にまた引っ越しになります。そんなわけで息子と一緒なのももう1週間近くなり、遠慮もなくなりわがままも出て、一緒に暮らしていた頃と同じけんかも始まるわけで（笑）、夫さんはそれを見て「似た者親子だ」と苦笑しています。

▶ 2016/01/14
さすがのホテルブレッドと
八つ頭のポタージュで朝ごはん

パンは日光金谷ホテルのもの。温めただけで、かなりおいしい。そして我が家には珍しい、コーヒー牛乳は、息子が帰宅していたとき買ったのですが飲み切れなくて消費。久しぶりに飲んだけど、甘いね。そして八つ頭のポタージュを作ってみたらおいしくて、夫さんお代わりして飲んでくれちゃいました。

▶ 2016/03/10
きのこ沢山。
ペペロン朝パスタ

春休みで帰省中の息子、今日は私の母と出掛けるのでさっと食べられる朝パスタです。きのこたっぷり、ベーコンと玉ねぎ入り。目的地は郊外の大きな健康ランド。お泊りで行くんだって。小さい頃からよく祖父母と出掛けていた息子。今も普通のことらしい。母は幸せ者だなぁ。

▶ 2016/03/16
食べ過ぎたぁ。
2種のサンドイッチで朝ごはん

今朝はサンドイッチde朝ごはん。息子が「足りないよ」っていうものだから パンを沢山買い過ぎてしまった。安かったコッパ(生ハムの一種)と、息子が好きなツナマヨで2種類。サンドイッチは簡単だけど切り口に作り手の丁寧さがしっかり出てしまうもののひとつ。隅々まで丁寧に。それだけを考えて作りました。

▶ 2016/03/23
恒例。具沢山つけ汁で
ざるうどんの朝ごはん

今朝は簡単楽ちんざるうどん。賞味期限間近の豚こまをたっぷり入れて具沢山つけ汁です。かき菜はたっぷりいただいたのでゆでました。これもつけ汁に漬けて食べるのは我が家流。春休み中の息子との朝ごはんも、カウントダウン。あとは何を作ってなかったかなぁと思いながら家族3人の朝ごはんを楽しんでいます。

▶ 2016/03/28
またね^^
お出掛け前のクロワッサン朝ごはん

週末、息子がアパートへ戻り、夫婦ふたりのお気楽生活に戻りました。これは息子が戻る前の朝ごはん。さて先日は、私の誕生日だったのですが、息子がポケットマネーで長財布をプレゼントしてくれました。春のお財布買い換えは「春財布→張る財布」で縁起が良いそうです(笑)。ずっと欲しかったので嬉しかったです^^

12:akun

13 あやのさん
ayano

▶ Instagram
Instagram user name [ayanolloon]
https://www.instagram.com/ayanolloon/

家族構成
夫 息子 ワタシの3人家族
平日の朝ごはん作り開始時間と所要時間
6時
休日の朝ごはん作り開始時間と所要時間
7時半

離島でのんびり島暮らし。台所在住です。

　なんでもある札幌で生まれ育ち、今は離島でのんびり島暮らし。1日の大半は台所で。おばあちゃんやおかあさんがしてくれたように、ごはんとごはんの時間を大切にしたいと思っています。食べることは身体をそして自分という人をつくる（作る、造る、創る）こと。朝ごはんはその日をつくるものなのでどんなときでも少しでも必ず食べるようにしています。

▶ 朝ごはんのこだわり
おみそ汁は息子も大好きで飲むのでだしをきちんと取るようにしています。無添加天然の煮干し、かつお、昆布。

▶ これからチャレンジしたいこと
息子との生活が落ち着くまでは難しそうですが、パン焼きを朝にできたらいいなと思っています。

▶ こだわりの調理道具や愛用のモノ
器が好きで、独身の頃から集めています。あとはずっと使っているおばあちゃんの木のおへらは宝物です。

▶ 2014/04/01
スリランカカレープレート

空気はひんやりですがピカピカ青空で気持ちよい。昨日仕込んだスリランカカレー。みんなの晩ごはんの前に試食してしまいます。作った人の特権さ！　ひさびさのスパイスがたまりません！

▶ 2014/07/16
寝坊してしまった日の朝ごはん

ピカピカ青空の水曜日。今朝は屋根の上でカラスたちがダンスの練習をしているのかにぎやかです。またしても寝坊してしまったのでちゃきちゃき朝ごはん。昨日の豆腐とおからのハンバーグをのっけたハンバーグ丼、なすと厚揚げとねぎのおみそ汁、たくあん。眠くてまだ半目です（笑）。

▶ 2015/01/14
パン祭りな朝ごはん

いただきものなどでパン祭りな朝ごはん。息子のコキ助もパクパク食べた。友達がくれた干し柿とチーズのパンは絶品で、ワインというかスコッチとやりたい感じ満載。さすが酒好きの選ぶパンです♥ コキ助、最近朝方必ずお布団に侵入してきて、ワタシのお布団を占領し、枕にのっかってきたりくっついてきたりで、端っこに追いやられてもめんこすぎて許してしまいます。

▶ 2015/08/29
土鍋焼きビビンバ

昨日のナムルをわざと残しておいて土鍋で土鍋焼きビビンバ。
私たちがごはんを食べていると目で追って手を伸ばすのに、口に運んであげるとへの字口をするコキ。その頑固な感じに親近感を感じるかーちゃんです。

▶ 2015/09/02
器は使ってこそなのに

札幌の実家から島へ帰る日。荷作りを始めると、立っちさせろ！遊べ！！と激しく騒ぐコキ助のおかげで全く進まないので、今回も必要最低限だけにすることに。ワタシの器コレクションは、相変わらず実家の食器棚を占領しつづけることとなります。でも、それだと器の意味がない。器は使ってこそなのに……。島に戻って、要る物を考え直してみるか。

▶ 2015/09/23 ｜ きしめん豚汁うどんで朝ごはん

夜泣き対策を調べてやってみた足ポカポカ作戦（足が冷えると夜泣きがひどくなることが多いとかで、寝るときに足元にバスタオルを一枚多くかけてあげました）が成功したのか、今日は泣くこともなく一度起きただけでおっぱい飲んですぐスヤスヤ寝太郎。おかげでワタシもスヤスヤ。今夜もやって実験♪実験♪
きしめんを入れた豚汁うどんで朝ごはん。ねぎをもりもりと！

▶ 2015/12/17
昨日のカレーで朝ごはん

昨日のカレーで朝ごはん。バスマティライスを多めに炊いたのでお昼はビリヤニっぽい炒めごはんにしてみようかな。
今朝は8時近くまでコキとふたりでスヤスヤぐっすり。昨日の夜に洗濯は済ませておいたので今日は洗濯機の掃除を。ここ数日でコキの言葉数がぐんと増えておしゃべりがとても楽しいです。

▶ 2015/12/18
春雨がお気に入り

昨日父ちゃん（トドさん）が帰ってきたら、1日会ってないだけなのにワタシにくっついて半べそのコキ助。父ちゃんしょんぼり（笑）。しかし5分後には大丈夫になって、テンションが上がり、楽しそうにしておりました。昨日のピェンロー鍋（白菜と豚肉と春雨のシンプルな鍋）の残りで朝ごはん。コキは春雨がとても気に入ったらしく食べるたびに机をバシバシたいて催促してました。

▶ 2015/12/21
ごま塩むすび定食

今日からトドさんはまた隣の隣の隣の島へ。おにぎり作ってと頼まれていたので、トドさんのおにぎりの残りのごはんでごま塩むすび定食。小さなおにぎりが自分のだとわかるようになってきたのか、キャーキャー言いながら飛んできたコキ。でも食べたがったのはおみそ汁のお豆腐でした（笑）。さて、急にトドさんが数日いないとなると冷蔵庫の予定が狂うので後ほど調整せねば。

▶ 2016/01/15
島に帰る日

お正月、札幌での生活も終わり、あっという間に明日帰る日。器が好きなので、独身の頃から集めていたものを結婚したときに島に一緒に持っていきましたが、とりわけ大事なものはまだ実家に封印しています。なので、帰省したときだけそれらの器を使うのが楽しみです。大概は作家さんの展示会や「ババグーリ」や骨董市などが多いですが最近は島生活なのでポチったりもしてます。

▶ 2016/02/21 ｜ ワタシの息抜きは台所

トドさんは半年ぶりのゴルフへ。お昼もいらないそうなので今日はのんびりできそうで、ワタシはニンマリだけれど、最近とーちゃん命なコキ助は大泣きして、まだごきげん斜めとゆうか絶壁です。とにもかくにもとーちゃん愛が止まらないらしく、声が聞こえただけで動きが倍速になるから見ているとおもしろくて仕方がない。昨日も早めにとーちゃんが帰ってきたらもうべったりでワタシはフリーに。久々にシュウマイなんぞを作れました。ああタノシカッタ。ワタシの息抜きはどこでもなくやはり台所だな。

▶ 2016/03/08 ｜ 息子の朝ごはん

コキの朝ごはん。最近またお米ストライキでして、抱っこしながらのつまみ食いスタイルか手でつまんであげるという方法でしか口を開けてはくれませぬ。ごはんは箸でもスプーンでもなく手がよいそうです。食べてくれるのは嬉しいのですが、気を付けないとすきあらば指を持っていかれそうなほどかみついてくるのでこっちはヒヤヒヤ。

▶ 2016/03/22 ｜ ゴミ出しセーフ！

のんびりコーヒーなんて飲んでいた矢先に、ゴミ出し日を思い出して、大急ぎでゴミ出しをしてまいりました。ギリギリセーフ。
今日のコキ。寝癖が半分だけスーパーサイヤ人みたいになっていて、宅配便のおじさんにかっこいいね！とほめられて、ほめられたことにごきげんになって奇声を発しながら走り回っておられます。元気でよろしい。

▶ 2016/03/28 ｜ 雷もなんのその

目の前で木に雷が落ちるのを見て以来、雷だけは本当に苦手。今朝の雷はとても大きく激しくてドッカンドッカンすごくって、洗濯部屋で洗濯物と丸まっていたのですが。あ！コキ!!と大慌てで茶の間に戻ったら雷なんてなんのそので絵本を見ながらごきげんでキャッキャしておりました。絵本の動物を見ても全部がニャンニャンだったのに、数日前からネコとトラのページだけ、ニャンニャンと言いながら開いて見せてくれるようになりまして。ネコ♥なワタシ的には、教えてもいないのに初めて覚えた動物がネコなのが、嬉しくてたまらないのでありました。

▶ 2016/04/01
おっぱいだけで育ちました

今朝ものぞき見なキジが、うちの中をのぞいております。コキ助を体重計にのせてみたら10.8kg。9カ月検診のときに10.5kgだったからやはり歩くようになって止まった感じ。というか3カ月検診で8kg超えだったあの頃、そうなのかな？くらいに思っていたけれど毎日大きいねと言われていたのもなるほど納得。おっぱいだけでずいぶん育ったもんだよなー。

▶ 2016/04/05
結果オーライのいちごゼリー

とても大きくておいしそうないちごが売っていたのでデパート価格だったけれどよし！とコキに（という名目で）買って来たら残念過ぎるほどに酸っぱくて。そうだった……島の物価は高いから高い＝おいしいではないことを忘れていた……ということで、気を取り直してそちらのいちごでいちごゼリーを。これはパクパクとよく食べてくれたので結果オーライでございました。

14 あこさん
AKO

→ Instagram
Instagram user name 「akomot13」
https://www.instagram.com/akomot13/

家族構成
夫 (50代)、長男 (20代外住み)、
次男 (中3)、猫 (三郎3歳)

平日の朝ごはん作り開始時間と所要時間
大体6：30〜　30分くらい

休日の朝ごはん作り開始時間と所要時間
大体5：00〜　お弁当と朝食で一時間程

偏食の息子に沢山食べてほしくて、工夫しています。

愛知県在住40代後半の専業主婦。偏食野球男子の次男に少しでも沢山食べてもらえるように毎日頭を悩ませています。朝は特に食欲がないことも多く、食べやすいものや好きなものを、時に手抜きもしつつ作っています。目新しい食材や料理には拒否反応されるのですがそれをきっかけに会話ができるし、食べられるものがひとつでも増えると嬉しいですね。

▶ 朝ごはんのこだわり
特にありません。冷蔵庫にあるもので何とかします。

▶ これからチャレンジしたいこと
食欲がないときでも食べたくなるようなごはんですね。

▶ こだわりの調理道具や愛用のモノ
手作りスープにはブレンダーが便利です。

▶ 2016/01/13
かきのポタージュで朝ごはん

ハムエッグチーズマフィン／かきのポタージュ
かきのポタージュ。ほんのりかきの風味と玉ねぎの甘味のある味。玉ねぎをよく炒めてからかきも炒め、ミルクを入れたらブレンダーでガーッとして、味付け。トロミはマッシュポテトの素で調節しました。かきの黒いヒラヒラがブレンダーに引っ掛かってなかなか手強かったけど、濃厚でおいしかった♪

▶ 2016/01/20 ｜ 手作りドーナツタワー♪

オールドファッション
久々に手作りドーナツ、揚げてみました。イーストドーナツと迷ったけどお手軽にベーキングパウダーで。あっという間になくなって（次男5 長男2 夫3）で、私もビックリ。私もひとつくらいは食べたかったな〜。たまには甘いモーニングもいいね。

▶ 2016/01/29
甘じょっぱさがたまりません

ベーコンメープルフレンチ
塩こしょうをした卵液にフランスパンを浸して焼いて、カリカリベーコンとメープルをトロ〜リ。甘じょっぱさがたまりません。なんだかあと引くおいしさです。シロップをかけながら片手でスマホ撮影……プルプルでした。

▶ 2016/02/02
サラサラ〜ッと鮭茶漬け

お鍋をしたときに残っていた鮭を焼いてフレークにしたものと、塩昆布、ごま、昆布塩、カリカリに焼いた皮、大葉をトッピング。残り物の鮭でおいしいお茶漬けが食べられました。ごはんのおかずとして出されたらたいした大きさじゃなくてもお茶漬けにのせると満足度上がりますよね。サラサラ〜とかっ込んで行ってらっしゃい♪

▶ 2016/02/03 ｜ カルボトースト

「支留比亜（シルビア）」って喫茶店の看板メニュー♪　久しぶりに食べたくなって作ってみました。これはお店のより超ボリューミー。本物はもうちょっとあっさりソースです。4枚切り2枚分あるけど息子が完食しました♪　朝からハイカロリー。太れ〜息子よ〜。

▶ 2016/02/09 ｜ 甘辛♪　きんぴらパン

安定の5枚切りパンにきんぴら〜♪　甘辛いのにマヨがからまって、そして5枚切りのモッチリ……ハーモニーを奏でています！　歯ごたえがあって最後はあごが痛い〜（笑）。

▶ 2016/02/16 ｜ ガッツリ♪ ベーコン丼

ベーコン星人の息子に（笑）。こういうのを出しとけば息子は文句言わずに食べてくれるので。卵ふたつにベーコン8枚、アボカド半分にレタスひとつかみ！　そしてごはんは500gですよ〜。ガッツリで1日頑張れちゃうよ〜。もうすぐ期末テスト！　いいことあるといいなぁ〜（親の心、子知らず）。

▶ 2016/03/01
育ち盛りにベーコン巻きおにぎり

ごはんは味なしで、ベーコンの上からパラパラと塩コショウしました。育ち盛りってすごいですっ！　なんとなんと6個完食。たぶん私はひとつで十分。見るだけで胸焼けインパクトありすぎだよね（笑）。

▶ 2016/03/02
みそ汁をポタージュに

根菜ときのこのポタージュ／エロテ風とうもろこし（マヨネーズとパルメザンチーズとチリパウダーをかけたメキシコ料理）／バゲットのクルトン

昨日の根菜おみそ汁に、炒め玉ねぎ、少量のコンソメとミルクを追加して、ブレンダーでガーッと、ポタージュに。そして硬くなったバゲットをクルトンにして入れ放題でいただきます。

▶ 2016/03/15　ねばる丼で頑張りますよ〜

朝からガッツリ食べて頑張りますよ〜！ アボカドがもうヤバかったのでのせちゃいました。シバ漬けも入れて正解でした♪ あとは納豆を入れ忘れたことだけが残念。山芋をするの面倒だけど、その分おみそ汁はわかめとねぎだけ。そして、息子はカレーを食べてます（笑）。
今日はバリバリ家事をするぞ！ と思いながらコーヒータイム中（笑）。

▶ 2016/03/25　濃厚♪ えびのビスク

えびのビスク／アボカドとカニカマと新玉ねぎ
桜えびより小さな干しえびでビスクを作ってみました♪ 濃厚でおいしかったけど、私のブレンダーではえびが滑らかにならず！ でも濾さずにそのままカルシウムとキチン摂取〜。アボカドディップは新玉ねぎのシャキシャキ感がさわやかでとってもおいしかった。
さて今日から春休みごはんの支度が増えるけど頑張りますか。

▶ 2016/03/31 　置き弁当代わり♪ おにぎり

干し小えびのにんにく白だし炒め／鮭／青高菜（中は刻み）／炒り卵塩昆布マヨ／三色漬物／たらこバター
今日は午前中から出掛けてしまうので置き弁代わりにおにぎりを沢山こしらえました♪ 母は居ずとも腹は減る！ 簡単に食べられるものが置いてあると家族も文句を言わないですからね〜。初物に警戒心を持つ息子より夫のほうが喜んでくれたようです。

▶ 2016/04/07
ニラ納豆トマトごはん

雨の始業式となりましたが、高校入試に向けて大事な1学期！ 気合い入れていってらっしゃい！ ニラ納豆パワーで元気出ますよ〜。ねぎがなかったのでサッと湯通ししたニラで。頭のよくなる、または勉強が好きになるごはんが知りたいです（笑）。

▶ 2016/04/13
ミニ五平もち♪

昨日作っておいたミニ五平もちで朝ごはん。くるみとごまをたっぷり入れたみそが香ばしい。朝には少しべたっとしていたので、もう一度みそを塗って焼き直しました。ごはんを搗く時間を短縮するために、今回は切りもちを刻んでごはんと一緒に炊いてみました♪ 少ししか搗かなくてもしっかりまとまってくれました。

15 まゆ井さん
Mayudon

▶ Instagram
Instagram user name [mayumi.f.style]
https://www.instagram.com/mayumi.f.style/

家族構成
Human 2、Dog 3、Cat 1
平日の朝ごはん作り開始時間と所要時間
仕事の都合次第。30分〜40分
休日の朝ごはん作り開始時間と所要時間
午前中のうちに…な感じ。30分〜40分

ただ食べるだけじゃ
もったいない！
毎朝、起きるのが
待ち遠しくなる
わくわく朝ごはん。

Dog groomer Hyogo Japan フォーカルジストニア他、いくつかのトラブルを抱え使えなくなった利き手を逆手にスイッチ奮闘中。時々凹むけど……食べて栄養！ 目から栄養！ 心に栄養！ 身体が喜ぶ「元気が出るわくわく朝ごはん」で気分転換しています。簡単なものしか作れません。テキトーなざっくりレシピなので同じものを作れるかどうかも不明です（笑）。

▶ 朝ごはんのこだわり
有機、無農薬・減農薬の旬のお野菜を中心に、添加物や化学調味料をできるだけ使用せず、素材の味を楽しむ工夫をしています。また少ない工程で簡単に作れるものを！

▶ これからチャレンジしたいこと
グルテンフリーでいろいろおいしく作ってみること。

▶ こだわりの調理道具や愛用のモノ
木のぬくもりが伝わる自然素材のウッドプレートでのワンプレートがお気に入りです。

▶ 2015/12/23
マシュマロバナナトースト♪

マシュマロバナナトーストでおはようございます！ マシュマロにバナナ、たらり〜んってチョコレート。めちゃうまーっ！ 最近、のっけて焼くだけの簡単トースト多し……まっ！おいしいから良いよね♪

▶ 2016/01/29
はちみつレモントースト♪

疲れが取れない今日この頃……そんな時は、はちみつレモントースト！　クリームチーズとはちみつでしっかり漬け込んだレモンのっけてうまうまーっ！　この広島レモン。おいしいからまた買って来よ〜っと♪

▶ 2016/02/05
プッチンプリン de プリントースト♪

プリンがとろ〜んと溶けてフレンチトーストみたいなプリントーストとカラフル野菜のチーズ焼き！　お野菜もりもりプレートで今日も楽しい朝ごはん♪

▶ 2016/02/18
くりぬきトースト♪

大好きなお星さまのくりぬきトーストと大根ヨーグルト！　このすりおろし大根とヨーグルトのコラボ……腸内環境を整える効果がすごいらしい!!

▶ 2016/02/25
フレッシュ野菜 de パンサラダ♪

「うわぁ〜、お口の中が宝石箱や〜」味のファンタジスタ・彦摩呂さん風に (笑)。サラダほうれん草、赤水菜、わさび菜、ルッコラ、菜の花、芽キャベツ、スナップえんどう、ブロッコリー、きゅうり、ラディッシュ、プチトマト。このあと細かくしたゆで卵をドバッとのっけてハーブソルト、オリーブオイル、ヨーグルトをかけておいしくいただきました!!　大満足♪

▶ 2016/03/09 | 見た目以上！ りんごトースト♪

アップルパイ風味でりんごトースト！
ココナッツオイルとはちみつで♪
これ……見た目以上においしいやつ！
サクっとうまうま。朝から幸せだぁ
……あっ、食べて気付いた。シナモン忘れてるーっ！

▶ 2016/03/18
ハーフ＆ハーフトースト♪

今日のよくばりハーフ＆ハーフトーストは、クリームチーズ＆ブルーベリーとチョコスプレッド＆バナナ＆マシュマロ！ お野菜もい〜っぱい食べたいからサラダもっりもりプレートにしたよ♪ サラダはシンプルにハーブソルトで……いっただっきまーす!!

▶ 2016/03/21
スティックトースト♪

忙しい朝もスティックトーストで簡単＆おいしい朝ごはん！ 桜のタルトもおいしかったーっ♪ さぁ〜！ 今日も元気に頑張ろーっ!!

▶ 2016/03/27
ハーフ＆ハーフトースト♪

ハーフ＆ハーフトーストでよくばりおいしい朝ごはん！ コーンマヨチーズ＆ジェノバチーズトマト♪ お気に入りのナッツ＆ドライフルーツとはちみつをかけて食べるヨーグルトもめちゃくちゃおいしくて、今日も幸せぇ～♪

▶ 2016/03/29
あんこ塩パントースト♪

塩パン焼く時間がなくたって……なんちゃってあんこ塩パンで朝ごはん！ バター塗って、あんことクリームチーズのっけて、岩塩をガリガリしたらトーストして完成ーっ！ 簡単なのにおいしいんだよ！ この甘じょっぱさがたまりませーん♪

▶ 2016/03/30
ひとくちトースト♪

冷蔵庫の中がすっからか～ん。ありったけのお野菜といろいろジャムのひとくちトーストで朝ごはん！ いちごマシュマロ、ブルーベリー、ストロベリー、ゆず、アプリコット、カシス、ちょこっとずつ。うまうまっ♪ ごちそうさまでした!!

▶ 2016/04/11
いちご de パンプディング♪

たっぷりの卵液（卵、牛乳、メープル）を吸い込ませて、いちごとカスタードプリンをのっけたら、あとはオーブンにお任せーっな楽ちんパンプディングで朝ごはん！ スキレットで焼くとやっぱりおいしい♪ これで今日も頑張れま～す！

16 ミチルさん
MICHIRU

Instagram
Instagram user name「okosotonoho」
https://www.instagram.com/okosotonoho/

> 家族構成
> 30代夫婦に小学生の娘・保育園児の息子。犬と猫。
>
> 平日の朝ごはん作り開始時間と所要時間
> 5：30ごろ　所要時間40～50分
>
> 休日の朝ごはん作り開始時間と所要時間
> 6：30ごろ　所要時間30～40分

野草や山菜を使ったじんわり味わい深い朝食。

小さな動物病院の獣医師。30代。ありがたいことに野菜をわけていただくことが多く、季節を感じながら食事をさせてもらっています。暖かくなってからは、野草や山菜を摘んで料理する楽しみも。難しいものは作れませんが、じんわり味わい深い料理が作れるようになれたらいいなぁと思います。

▶ 朝ごはんのこだわり
夕食は、ばたばたと仕上げることが多いので、朝食はできるだけバランスよく、「まごわやさしい」食材を使った献立を心がけています。

▶ これからチャレンジしたいこと
木や竹を使った簡単な器つくりを細々と続けています。不格好でも使いやすい、そんな器を食卓で使っていけたらいいなぁと思います。

▶ こだわりの調理道具や愛用のモノ
圧力鍋は、大豆を煮たり、発芽玄米を炊いたり、ほぼ毎日使う必需品です。また、手持ちの食器が少ないので、木製のお弁当箱とその蓋を食卓で愛用しています。

▶ 2015/8/22
リメイクおかずの南蛮漬け

むかご玄米ごはん／山芋だんご・えのき茸・わかめのおみそ汁／焼きししゃも南蛮漬け／黒豆納豆→娘作／ピーラーごぼうの塩きんぴら／庭の金時草／いぶりがっこ／酢ずいき
南蛮漬けは、玉ねぎの甘酢漬けに焼きししゃもを一晩漬けた、リメイクおかずです。実家の父が定期的に送ってくれる野菜の間に、いつも父が趣味でつくった竹の器が入っていて、今回はどんなのかなぁと楽しみのひとつになっています。

▶ 2015/10/12
金時草を敷いて
黒米、小豆入り玄米おにぎり／具沢山おみそ汁（玉ねぎ、えのき茸、油揚げ、わかめ、大根葉）／焼き鮭／かぼちゃ揚げ浸しのごま和え／れんこんの塩蒸し／黒豆酢大豆／りんご

かぼちゃの下の葉は細々と育てている金時草（きんしそう）です。

▶ 2015/10/16
鬼くるみをくるみみそに
押し麦ごはんの塩おむすび　一口サイズのししゃも昆布巻き／蒸し野菜・くるみみそ添え（人参、れんこん、しいたけ、かぶ葉）／おみそ汁（さつまいも、玉ねぎ、えのき茸、油揚げ、細ねぎ）／他、かぶの塩浅漬け、酢ずいさ、梅干し

山で拾った鬼くるみを、くるみみそに。そのついでに、殻に少し手を加えて箸置きをつくってみました。

▶ 2015/11/01
茶托をお皿代わりに
黒米入り小豆玄米ごはんのせいろ蒸し／栗とえび・しいたけの茶碗蒸し／昆布煮炊き合わせ（高野豆腐、里芋、れんこん、平いんげん豆）／五目ひじき煮（冬瓜の皮、こんにゃく、しいたけ、姫ひじき、松の実）／他、赤大根甘酢漬け、酢大豆

お客さま用にしていた春慶塗の茶托。特別な日ばかりではもったいないので食卓でも使っていこうと思います。

▶ 2015/11/06
いいおだしができました
小あじとごぼうの梅煮／五目黒豆（黒豆、ずいき、こんにゃく、しいたけ、くるみ、ひじき）／小松菜おひたし／黒米入り小豆玄米おにぎり　一夜干し赤大根の甘酢浅漬け／じゅんさいとえのき茸のお吸いもの

この日はいいおだしができました。そんな日は何かいいことがありそうで朝からワクワクします。おにぎりの下はお重の仕切りふたつを合わせたものです。

16 : MICHIRU

▶ 2015/11/25
実家で実ったゆずを使って

鮭と発芽玄米の混ぜごはん・ゆず風味／なめこ・お豆腐・大根おろしのおみそ汁／緑茶でがらしと木の実入り松風焼き／宮内菜おひたし／刻み昆布の五目煮（昆布、糸こんにゃく、煮干し、干しまいたけ、お揚げ）／二十日大根の甘酢浅漬け
実家で実ったゆず、見た目はイマイチですが、香りと味は抜群です。

▶ 2016/01/30
お盆は祖母からもらったもの

発芽玄米のおにぎり／ゆで卵／酢の物（生めかぶ、ほうれん草、しらす）／平いんげんと大根の昆布締め／梅干し、しょうがたっぷりの豚汁（根菜、厚揚げ、しめじなど）
我が家にあるほとんどのお盆は祖母が生前に使っていたもの。ところどころにある小さな傷やしみに愛着を感じます。

▶ 2016/02/13
お重を使って

お揚げ挟み焼き（しらす、チーズ、細ねぎ）／半干し黒豆／納豆の緑茶でがらし和え／生芋こんにゃくと真鱈真子の炒り煮／春菊ポン酢おひたし／金時人参みそ漬けとゆずかぶら／いちご／小豆入り発芽玄米ごはん／おみそ汁（ながら藻〈ホンダワラの一種〉、大根、玉ねぎ、えのき茸）
今朝はお重を使った朝ごはん。

▶ 2016/03/17
チンゲン菜の花を添えて

わけぎとしらすの卵焼き／長ひじき五目煮（ふき、生芋こんにゃく、しいたけ、高野豆腐）／大根と人参、お揚げの煮びたし／葉わさび三杯酢漬け／梅干し／発芽玄米おにぎり（ふき葉とおかか、塩むすび）／れんこん入りいかのつみれ汁
つみれ汁にはチンゲン菜の花を添えました。

▶ 2016/03/23
なまこ酢に塩辛を添えて

うどのおから衣天ぷら／めかぶ入り卵焼き／なまこ酢／手作り黒豆納豆／大根のパン床漬け／梅干し／発芽玄米ごはん／けんちん汁（根菜、厚揚げ、きのこ）
なまこ酢はワタで作った塩辛を添えました。

▶ 2016/03/31
野草づくし

はたはた煮付け　手作り黒豆納豆　カラスノエンドウとわかめのおひたし　ふき、つくし炊き合わせ　大豆粉天ぷら（ヤーコン、ユキノシタ、ドクダミ）／大根のパン床漬け／葉わさび酢漬け／小豆入り発芽玄米ごはん／おみそ汁（ひら茸、白菜、玉ねぎ、お揚げ）
お隣さんにいただいた雪柳と共に。庭の野草のおかげで食卓が潤っています。

▶ 2016/04/08
実家からの野菜定期便

発芽玄米おにぎり（母が漬けた高菜漬け、削り昆布）鶏レバーと生芋こんにゃくの時雨煮／かぼちゃ塩ゆで　たけのこの姫皮と生めかぶの酢の物　たけのこおかか炒め　わらび煮びたし／キャベツととう菜のおひたし／豆腐と玉ねぎ、茶えのき茸のおみそ汁
実家からの野菜定期便に入っていた、たけのことわらびを使った朝ごはん。

▶ 2016/04/14
今朝はお弁当

焼きさばの高菜巻き寿司／ゆで卵　わらび・たけのこ・昆布の炊き合わせ／たらの芽おからごま和え／山芋とろろ蒸し（たけのこ、しいたけ）／人参みそ漬け／庭のきんかん
訳あって今朝はお弁当。

17 門乃ケルコさん
Kadono Keruko

➡ **Instagram**
Instagram user name「lottarosiexx」
https://www.instagram.com/lottarosiexx/

➡ **ブログ**
「犬の日記」
http://riffxraff.hateblo.jp/

家族構成
パートナーとふたり暮らし
平日の朝ごはん作り開始時間と所要時間
9：30〜 15分くらい
休日の朝ごはん作り開始時間と所要時間
11：00〜 30分くらい

東京生まれ東京育ち。自営業。30代後半。三度の飯とハードロック・ヘヴィメタルが好き。好物は蜂蜜と小麦粉。週6日フルタイム＋αな生活ゆえ、手早く簡単に作れる食事が中心ではありますが、朝食は趣味と気分転換を兼ねて楽しんでいます。食材はコストコ依存度高め。

▶ 朝ごはんのこだわり
食材や食器をなるべくカラフルに配置すること。気分よく仕事に向かうために、彩りには気を遣っています。

▶ これからチャレンジしたいこと
休日に早起きできる余力が残っていれば自家製パンを焼いてみたいです。

▶ こだわりの調理道具や愛用のモノ
ネスプレッソとコストコ。これがなくては私の朝食は成り立ちません。

気分よく仕事に向かうために。手早く簡単に、彩りよい朝ごはん！

▶ **2015/11/02**
りんごをソテーにしてみた

トーストにクリームチーズと熱々のりんごソテーをのっけて、ぐっちゃりさせて食べました。ホットアップルパイみたいな感じ。ウマかった。これから寒くなるので果物に火を通して食べてみる作戦。どうやったらおいしく食べられるかいろいろやってみたいと思います。

▶ 2015/11/05
明太マヨポテトのオープントースト

食パンに明太マヨポテトをのせて、追いマヨネーズをしてからトーストで焼きました。明太マヨポテトは昨日の夕飯のときに多めに作っておいたもの。ヨーグルトにかかっているのは数日前に作ったクランベリージャム。コーヒーはネスプレッソのインドリヤ。

▶ 2015/11/06
しらす明太ごはん

休日に「角上魚類」に行ったので魚介系が豊富。みそ汁は実家からもらったフリーズドライ。週6日フルタイムで働いているせいか、実母が「こいつら、ちゃんと食ってるんだろうか…」と、缶詰やらレトルト食品やらなんやらを見つくろって持たせてくれるのです。実際のところ、料理は趣味になってしまっているので心配には及ばないんですけど感謝はしております。

▶ 2015/12/04
コストコのチーズピザ

ショボいのでinstagramにはアップしてません（笑）。ネスプレッソがなかったらコーヒーすらいれてなかったかも。コストコピザはチルドを一枚どーんと買ってきてカットして早々に冷凍。仕事でヘロヘロのときとか、休みの日に何もしたくないときに活用されます。定期的に訪れる宅配ピザ欲求もコレでしのげちゃうので、結構なリピートアイテム。

▶ 2015/12/06
コストコのイングリッシュマフィン

イングリッシュマフィンっていう食べ物が好き。これはこの前コストコに行ったときに買ったもの。パンを2枚に割ったときに中を見ると、気泡がかなり大きくて多いので密度が低い分モッチリ度は少なめ。その分焼くとサクッと軽い感じです。ジップロックに詰めて冷凍しています。

▶ 2015/12/07 ｜ 高級ハムを安いベーグルに挟んで

コストコのベーグルにハムとレタスを挟みました。義祖母からいただいたハム。これがすごいの。たぶん自分ではおいそれと買えないランクの予感がする……ちょっと待って、断面がめっちゃ肉なんですけど？ これが高級ハムの実力なのか……高級ハムをコストコのアホみたいに安いベーグルに挟んで食べるという愚行に出たわけですが……ハム旨いよ。ハム！

▶ 2016/01/19 ｜ おいしいヌテラサンド

時間が！ 時間がなくて!! 食パン焼いて「ヌテラ（ヘーゼルナッツチョコレートスプレッド）」を塗っただけです。バナナすら買い置きがなかった。でもこのチープな感じが結構好きだったりする。ヌテラ最高。パンは薄いほうがおいしいと思う。甘ったるいヌテラサンドに、甘くないカフェオレという朝食というよりやっぱりオヤツだなぁ。まー、そんな日もあるさ。

17:Kadono Keruko

▶ 2016/01/22
コストコの食材ばっかりで

冷凍しておいたコストコのベーグルと、先日コストコで買ってきたスモークチキンのサンドイッチ。コストコで買ったモントレージャックチーズも挟んでます。どんだけコストコだよ。まとめ買いに慣れてしまうと普通のスーパーでチマチマ買ってらんない～。大根は一昨日かそこらにサラダを作ったときの残りです。そんな、朝っぱらから大根切ってませんて。

▶ 2016/01/25
今日もコストコ依存の朝ごはん

今日の朝ごはんもコストコ依存が、パない感じですがもうこればっかりはしょうがないんじゃないかな。依存してるし。スモークチキンが思ってた以上に好きな感じなので、気が付いたらこればっかり食べてました。スープはいつだったかの夕飯に作ったものです。ケンタッキーのムーミンマグがスープにジャストサイズすぎて嬉しい。

▶ 2016/01/26
もちと紅茶って意外と合う

きな粉もちに紅茶が意外とマッチしたのでお知らせしておきます。そういえば、実家では冬場、毎日のようにもち食べてたな……と思い出した。きな粉タッパーが冷蔵庫に常備されており、自分で作ると、きな粉かけ放題になるのがうれしくて、無駄にきな粉をむさぼり食っていたような。え？　きな粉タッパー常備されてませんでした？

▶ 2016/02/20
チャバタサンドで朝ごはん

チャバタサンド、ささみと豆のトマトスープ、いちご。サンドの中身はチーズとグリーンカールレタスとソフトサラミとスクランブルエッグ。スープは夕飯のときに作ったやつ。沢山作ったのでしばらくは朝から具沢山のスープが食べられるぞー。いえーい。ミネストローネの定義がよくわかってないのでミネストローネのようなそうでないような……。

17:Kadono Keruko

▶ 2016/03/06 | ミートソースのせトースト

昨日の晩に作ったミートソースをのせたトースト。カレーもそうだけどミートソースも作ってから一晩寝かせたほうが味が染み込んでおいしい気がした。と同時に以前テレビでパキスタンの人が「日本のカレーは一晩寝かすととてもおいしいけれどパキスタンのカレーは作ったその日からおいしいんだよ」と言っていたのを思い出すのであった。

▶ 2016/03/19 | コストコでストレス解消

先週はコストコに行って日頃のうっぷんを晴らすかのように買い物してきた。コストコの巨大カートにアレもコレもと入れていくの楽しい。何気にこういう買い物がストレス解消になっているんじゃないかと思います。しかもちゃんと全部生活に必要なものだしね！　罪悪感など皆無（たぶん）。さて、パンとアボカドとえびとラズベリーね。冷凍えびが買えてわたしゃ満足じゃ……。

▶ 2016/03/21
アボカドトーストと
いちごモッツァレラ

コストコで買ったハード系のパンを解凍して、スライスしたアボカドをのっけてマヨネーズをびょびょーっとしぼり出してトーストしたやつ。と、ツイッターを眺めていたらいちごモッツァレラなるものを見かけたのでやってみた。相方氏、生ハムメロンが受け付けないタイプの人だったということを忘れていました。

▶ 2016/04/1
高級納豆で朝ごはん

スーパーでなにやら高級そうな納豆を見かけたので買ってみました。我が家で納豆を食する人間は私しかおらず、もうひとりの人は納豆が嫌いなので、もはや納豆は高級品をひとりでこっそり食べる物、という位置付けなんである。わたしもそこまで好きかと言われるとそこまででもないんだけど、このくらいの距離感がちょうどいいかなって。はい、おいしかったです。

▶ 2016/04/02
適当サンドイッチ

チャバタにモントレージャックチーズをのせてトーストしたやつに、グリーンカールとモモハムを挟んだだけです。チャバタは昨日買ってきた、紀ノ国屋の長いやつ。珍しく冷凍モノじゃない。解凍してトーストすると水分が少なくなってるのか表面が凶器か！ってくらい硬い部分ができてけがするからな……霧吹きで水分を補ってから焼くといいらしいけど、朝にそんな余裕ないのでな。

▶ 2016/04/16
普通な感じの朝ごはん

今日の朝ごはんは、トーストとサラダとトマトのマリネと生ハムと清見オレンジ入りヨーグルトとコーヒー。冷蔵庫にありがちなもので。ル・クルーゼのオーバルな大皿が、思ったより使い勝手が良さそうでなにより。大きすぎるかなーと思ったけど、普通サイズのトーストがジャストインでしたね。色違いでもう1枚買えばよかったな。

17:Kadono Keruko

18 山本 慶子さん
Yamamoto Keiko

➡ Instagram
Instagram user name「keiico38」
https://www.instagram.com/keiico38/

家族構成
夫
平日の朝ごはん作り開始時間と所要時間
7:00頃　20分くらい
休日の朝ごはん作り開始時間と所要時間
8:00〜9:00　20分くらい

忙しい朝でも朝ごはんはしっかり食べたい！

三重県在住、30代。忙しい朝でも朝ごはんはしっかり食べたいので毎日必ず作ります。パン好きなので基本はパンが多いですが、毎日だと飽きるので、週1〜2回は和食に。栄養を考えなるべく野菜は取り入れるようにし、見た目も彩り豊かになるよう心がけています。

▶ 朝ごはんのこだわり
どうしても忙しい朝はインスタントになってしまいますが、コーヒーは豆を購入し毎朝挽いて飲んでいます。味ももちろんですが、コーヒーのいい香りが目覚めにもなりますし、朝ほっこり、癒されます（笑）。

▶ これからチャレンジしたいこと
朝自分で作った焼きたてのパンを朝ごはんで食べたい。

▶ こだわりの調理道具や愛用のモノ
イイホシユミコさんのお皿はワンプレートにも使いやすく愛用しています。

▶ 2016/01/30
朝焼きかんたんアップルパイ

食べ忘れてたりんごがあったので、冷凍パイシートで簡単アップルパイ。パイシートにりんごを並べてバターとお砂糖をふりかけて焼いただけ。やっぱり焼きたておいしい♪

▶ 2016/02/10
かきめしで朝ごはん

かきめし　あおさのみそ汁／だし巻き／しいたけのマヨネーズ焼き／玉ねぎのマリネ　人参ラペ／ほうれん草炒め

昨日炊いたかきめしで朝ごはん。沢山いただいたかきは、かきフライ、かきのオイスター焼き、そして最後にかきめしでおいしくいただきました。

▶ 2016/02/11
わんぱくサンド

今日の具材は、サニーレタス＋ハム＋ゆで卵＋キャベツ＋玉ねぎのマリネ＋ラペ。1度に沢山の野菜もとれるし、ボリューム満点ではまりそう（笑）。

▶ 2016/02/29
イカスミバゲットサンド

「GONTRAN CHERRIER TOKYO」のイカスミバケットでベーコンエッグサンド。生地にイカスミが練り込んであるバゲットで見た目もびっくりなバゲットサンドに！

▶ 2016/03/01
今日は和食で朝ごはん

ねぎ入りだし巻き卵　こんにゃくのおかか煮　ひじきのたいたん／ほうれん草／黒米／えのきと揚げとわかめのみそ汁

常備菜＋だし巻き＋具沢山のみそ汁で今日の朝ごはん。朝のみそ汁はホッとします。

▶ 2016/03/03
ちゃっとのっけてトースト

バタバタな今日は、ベビーリーフ＋ベーコン＋目玉焼きをのっけて簡単朝ごはん。

▶ 2016/03/07
スクランブルエッグサンド

昨日焼いたベーグルでスクランブルエッグサンド。半熟卵のとろとろ、たまらない！

▶ 2016/03/08
いろいろおかずのワンプレート

昨日の残りものの春巻きに、いろいろおかずの盛り合わせで朝ごはん。具だくさんで朝からお腹いっぱいに。

▶ 2016/03/10
焼おにぎりワンプレート

ちょっと焼きが足りないけど、焼きおにぎりワンプレート。常備菜とだし巻き卵、春雨スープをあわせてワンプレート朝ごはん。

▶ 2016/03/27
もりもり
卵サンド

最近火を使って朝ごはんを作るのが面倒になってきたので、簡単ちゃちゃっと朝ごはん。

▶ 2016/04/07
きのことツナの和風リゾットで
朝ごはん

無性にお米が食べたかったけど、ごはんを炊く時間がなかったので、朝の支度をしている間にコトコト……。めんつゆで味付けあっさり和風リゾットに。

▶ 2016/04/10
おむすびでシンプル朝ごはん

おむすび／小松菜と玉ねぎのみそ汁／いかなご
冷蔵庫に卵もなく、パンもなかったのでシンプル朝ごはん。実家でもらってきた母手作りのいかなごが食欲をそそります。

▶ 2016/04/11
ツナマヨチーズトースト

ツナマヨチーズトーストにグレープフルーツでスッキリ簡単朝ごはん。

19 みゆさん
miyu

➡ Instagram
Instagram user name「cherymomo」
https://www.instagram.com/cherymomo/

➡ ブログ
「Smart chic」
http://smartfoppishdays.blog.fc2.com/

家族構成
夫・娘
平日の朝ごはん作り開始時間と所要時間
5時50分〜　所要時間20分ほど
休日の朝ごはん作り開始時間と所要時間
7時ぐらい〜　所要時間30分ほど

季節の野菜を取り入れたしっかり朝ごはん。

埼玉県在住・事務職・50代。食に関してはあまりこだわらない家族でした。最近は年齢も考えていろいろと考えるようになりました。朝ごはんは1日の始まりですのでしっかりいただきたいですね。季節のお野菜の味を大切に、目でも楽しめる朝ごはんを、家族に楽しく食べてもらいたいです。

▶ 朝ごはんのこだわり
家族全員朝ごはんの前にスムージーを飲みます。短い準備時間でも、常備菜を使って、シッカリと朝ごはんが摂れるように。

▶ これからチャレンジしたいこと
一番作りたいのは、いろいろなお野菜のポタージュです。それから温野菜をせいろで蒸したりしたいですね。

▶ こだわりの調理道具や愛用のモノ
イイホシユミコさんのプレートや、アラビアのプレート、豆皿は、目でも楽しめますね。「究極の鉄 フライパン リバーライト 極 卵焼き用」は卵焼きがふっくらとできます。また、卵が切れるように混ぜられる「とき卵専用かき混ぜ棒」も便利。

▶ 2015/09/22
厚焼きパンケーキでお腹いっぱい♪

娘と朝ごはんでした〜。ずっと気になってたセリアのパンケーキ型で、厚焼きパンケーキ！暑いとパンケーキ焼きたくないし、食べたくもないのですよね〜。ハワイでは別腹なんですがね（笑）。栗の渋皮煮をのっけて！生クリームが合うよね〜（常に小分けして冷凍してます）。これね、小さめですが……ひとつで結構お腹いっぱいになりますわ。

▶ 2015/10/10
バゲットの残りでフレンチトースト♪

昨日のブルスケッタで使ったバゲットの残りで……フレトー！ 柿が出回ってきておいしいですね。娘が休みで寝てたので一応声かけたら……「食べる〜」と飛び起きて……「わぁ〜」と珍しく女子らしかった（笑）。

▶ 2015/11/07
牛肉100％！ ミニミニバーガー

家族に好評で、今朝もミニミニバーガー！ 今日は牛肉100％でハンバーグ作ったよん！ いつもは合いびきですけどね〜。

▶ 2015/12/14
パンケーキタワー！

久しぶりにパンケーキタワー！ 積んだ！ 積んだ！ 実は写真を撮っている最中に呼ばれ、「お母さん今大変なんだよ……」戻ると、ひぇ————！ パンケーキタワーが倒れそう！ あわてて戻しました（笑）。

▶ 2016/02/11
ダッチベイビーで朝ごはん

スキレットは、「ロッジ」のでございます！ ずっと作ろう作ろうと思ってたダッチベイビー（オーブンで焼き上げるパンケーキ）、作ったら簡単でビックリ！

▶ 2016/02/22
早起きしてかきごはん！

かきが陸前高田から届きました。ぷりっぷり〜。娘がかきごはん！かきごはん！と言うので早起きして炊きましたよ〜。おいしかったな〜！　たらの芽の天ぷらに菜の花のおひたし、いわしの竜田揚げ、あさりのおみそ汁。食べたいものを用意したら……春の食卓になりました！

▶ 2016/03/06
カレーの残りでカレーパン！

カレーが残ったのでカレーパン。旦那が喜んで食べてます（笑）。昨夜、おひとりさまで熱々を食べちゃったわ。オーブンで軽く焼いてから揚げるから油っぽくならないの♪　10個作ったから、バレー仲間にもおすそ分け。

▶ 2016/03/11
ハムチーズロール♪

パン教室の復習で、ハムロール♪　卵液を塗るのを忘れて、色白の子ができちゃった。おいしそうに焼けたからいっか。ホシノの天然酵母で。チーズたっぷりよ♪

▶ 2016/03/11
私しか食べない桜あんパン

昨日焼いた桜あんパン。ねじりパンってかわいいけど、不器用なので不細工です。そして桜あんパンには桜の塩漬け！　春っぽい！　でも桜あんパン、家族で私しか食べないの……。

19:miyu

▶ 2016/03/30
今朝はおいなりさん

昨日娘がお弁当箱出しながら、「毎日同じようなおかずでさ〜」というので、(何いい年して母親に作ってもらって文句を言うか!?) と言おうとしたら! 「でも飽きないんだよね〜。なんでだろ？ 社食じゃ飽きるんだよね」と (笑)。そりゃー、手作りで、愛情こもってるからよ！ ちょっと嬉しい母娘の会話でした。

▶ 2016/03/31
朝からマフィンを焼いてます

朝からマフィン、大量に焼いてます！ これからクランブルのせるとこ！ めっちゃ思った通りに焼けた！ 嬉しい〜。やはりクランブルは面倒でものせないとね〜。沢山作って冷凍しました。

▶ 2016/04/05
朝からハンバーグ♪

娘「え〜お母さん朝からハンバーグ食べるの？」 母「いけない？」 娘「よく食べるね」 母「……」。煮込みハンバーグ、おいしかった (笑)。

▶ 2016/04/09
朝からソーセージパイ♪

朝からソーセージパイを焼きました。娘の大好物です〜。ところで……ダンナが大阪転勤になりました！ もちろん……単身赴任です！ ダンナは初めての転勤、ひとり暮らし、喜んでるようです (お互いさま。笑)。ふふっ、単身赴任妻の仲間入り〜！ しばらく……バッタバタになりそうです。

19:miyu

20 山口 さきさん
Saki Yamaguchi

> 家族構成
> 私と主人のふたり暮らし
> 平日の朝ごはん作り開始時間と所要時間
> 6：40ごろ～　所要時間15分
> 休日の朝ごはん作り開始時間と所要時間
> ほぼ同じくらいの時間帯

➡ Instagram
Instagram user name「saki.214」
https://www.instagram.com/saki.214/

➡ ブログ
「山口飲食」
http://yamaguchi-insyoku.com/

旬の食材、器や盛り付けで変化を付けています。

作り手さんの想いがぎゅっと詰まった食材を中心にした夫婦の朝ごはんや、地方のこだわり食材をブログやインスタグラムにUPしています。料理教室を開催し、作り手さんが込める食材へのストーリーを入れ込んだレシピ開発、台所を拠点とした人生をスタイルしていくキッチンベースドスタイリスト。

▶ 朝ごはんのこだわり
旬を取り込んで、目に見える変化（器や盛り付け）をつけながら、目の前の人に楽しんでもらえるように工夫しています。そういうことも夫婦円満に過ごすための秘訣なのかなと思っています。

▶ これからチャレンジしたいこと
朝ごはんが楽しくなるような器探し。季節の食材を用いたおみそ汁のレパートリーを増やしたい。

▶ こだわりの調理道具や愛用のモノ
小林耶摩人さんの器が好きです。

▶ 2015/12/25
魔女みたいなスープ

魔女みたいな色味のスープ。これにつけパンしてたら「すごい色」と主人が一言。紫芋の甘みがおいしいポタージュなのです。ほっこり、温まりました。今日も1日頑張れそうです。

▶ 2016/01/15
いただきものに感謝して

生わかめと厚揚げのおみそ汁、和田島ちりめん、祖母の自家製お漬け物。うーんおいしい、と主人も絶賛のきよさん（祖母）の漬け物。朝食は大事なパワーの源。朝がメインなので、おいしくいただきものを集めて食べてます。

▶ 2016/02/25
まぁるいおにぎりで朝ごはん

まぁるいおにぎりで朝ごはん。毎朝、コーヒーを淹れてくれるまーさん（主人）。最近は紅茶も蒸らしたりしながら淹れてくれる。それがまたおいしくて。これでいつでもお店が開けるね。今朝はゆで卵もまーさん作。

▶ 2016/02/27
おうちで朝マック風に

オーブンで卵を焼いて、マフィンにハムとチーズを挟んで焼いて。ハムチーズマフィン。たまにはふたりでモーニング行きたいなぁ。喫茶店開拓したいなあ。

▶ 2016/03/02
春だなぁ定食

朝起きて空の様子を見てよし晴れ！ おみそ汁を用意し始める。どれくらいの人たちが同じような行動の朝を迎えたんだろうか。ふきを煮て、玉こんにゃくを煮て、おにぎりを握って、ふきの香りで一気に春だなぁ定食。

▶ 2016/03/05 ｜ 玄米おにぎりと野菜たちでワンプレート

徳島県神山町のこんにゃくをちぎって煮て、こんにゃく田楽に。ぷりぷりでおいしい。そして昨日の粕汁。シンプルな田舎ごはんが和むなぁ定食。おはようの声色を変えていろいろ楽しむ朝。

▶ 2016/03/10 ｜ みそ鍋の残りで

昨日のみそ鍋の残りで「スーピーライス（スープごはん）」。白みそ、赤みそ、にんにく、ごま油、すりごま、濃いだし、玄米、祖谷豆腐、ねぎの青いとこ。付け合わせに燻製たくあん。これだけだけど……シンプルイズザベスト。おいしいっ！　田舎ごはん！

▶ 2016/03/15 ｜ 赤米ハムエッグ丼

山の間にあそこだけ桜が咲いてるー！なんて幼少から見てた山桜。渡邊浩幸さんの木工展で山桜のスプーンを購入。握りやすく食べやすい。赤米ハムエッグ丼、生わかめのみそ汁。薬味醤油をたらして。
久々に4姉妹揃う。そしてみんなの旦那様もなんと4人兄妹という奇跡（笑）。

▶ 2016/03/21
朝から大好きメキシカン

昨日の残りもので朝ごはん。セロリとパクチーのヨーグルトディップ付き。朝からメキシカン。あぁ、大好きメキシカン。
朝起きて、ごはんを支度して、その日のことを少ししゃべりながら主人と食卓を囲んで食後に「おいしかった」と言ってもらえることが一番の嬉しさ。

▶ 2016/03/22
エスニックなTKG

週末のメキシカンが残ってるのでエスニックなTKG（卵かけごはん）。トマト、セロリ、ジャスミンライス、サルサ、卵黄、パクチータレをかけて。主人の好物、ジャスミンライス。帰宅直後に「いい香り」とすぐにわかるみたい。ごはんで誰かを喜ばせられる、幸せを作れる台所。ちょっとエスニックな卵かけごはんに愛情込めて。

20:Saki Yamaguchi

▶ 2016/03/23 ｜ 簡単で野菜も沢山食べられるベジTKG♪

今日も野菜トッピングのベジ卵かけごはん。トマト、アボカド、セロリ、サルサ、パクチータレ、卵黄のエスニックTKG。タコスの残りももう少しで使い切り。簡単で野菜も一皿で取れて楽ちん。不精から生まれたベジTKG。次は何の具にしようかなぁー。

▶ 2016/03/28 ｜ お花見弁当みたいな朝ごはん

「お花見弁当みたいやなぁ」と言いながらの朝ごはん。我が家の目の前は人参畑なので桜は見えず……。昨日は何にも家のことをしていないので、食卓の雰囲気を変えて。小さな目に見える変化で、心に日々に栄養を。お酒の升は、フォルムもかわいく、飲んでよし、持ってよし。

▶ 2016/03/29 | ベジTKS（卵かけそうめん）!

さぁ、朝ごはん♪　と思いながら起きると……ごはんの炊き忘れ。のおかげで釜玉「半田そうめん」を食べられました。本当はベジTKGにしようと思って、香りねぎを作ってたので半田そうめんの釜玉に in OMG! TKS（卵かけそうめん）。

▶ 2015/04/01 | 今日はベジTKG!

今日はベジTKG（卵かけごはん）。玄米＋香りねぎ＋全卵。今度、夫婦で約1カ月の新婚旅行に行くことに。この乗り継ぎで行こうよー。げ！ 4時間の待ち時間!?　これは深夜過ぎー！　なんて言いながら。まだまだ先だけど航空券だけポチッとね。ふたりの冒険のはじまりはじまり♪

21 未来さん
miki

▶ Instagram
Instagram user name「miki_____k」
https://www.instagram.com/miki_____k/

家族構成
夫、2歳の息子の3人家族です。
平日の朝ごはん作り開始時間と所要時間
6：15〜　　所要時間15分程
休日の朝ごはん作り開始時間と所要時間
6：15〜　　所要時間30分

食の細い息子に楽しく沢山食べてもらえるように。

東京在住の30代会社員。2歳の息子を持つ働く母です。毎日朝ごはんは家族3人で食卓を囲みます。息子の食が細いので、楽しく食べられるように「おいしいね」「よく食べたね」と声をかけながら。1日のエネルギー源となる朝食は、3食の中で1番大切だと位置付けています。簡単で栄養のあるものを基本に、必ず何か胃袋に入れてもらう努力を。

▶ 朝ごはんのこだわり
見た目（盛り付け）にはこだわっています。まずは目からおいしそうと思ってもらえるものを。赤黄緑の3色の彩りを必ず盛り込んで、見た目から元気の出るプレートに仕上げるようにしています。

▶ これからチャレンジしたいこと
食の細い息子に進んで食べてもらえるように、息子の好きなキャラクターのデコごはんに挑戦してみたい。トーマス大好きな息子のために密かに研究中です！

▶ こだわりの調理道具や愛用のモノ
ストウブ鍋（白米は必ずこれで炊きます）。無印良品の調理器具（シリコンスプーンや菜箸、卵焼きフライパンなど）を愛用しています。

▶ 2016/01/30
おにぎらずで朝ごはん

ベーコン・水菜・卵焼きのおにぎらずで朝ごはん。写真に華を添えるために、テーブルにいちごをまいてたら、息子に片っ端から拾われて食べられました。おーい、ヘタ付いてるよ？

▶ 2016/02/15 ｜ 何してんの〜？

あと2日で1歳8カ月になる息子。UNIQLOのパジャマ姿で失礼。必死に朝ごはん写真を撮っている母さん、何してんの〜？　と父さんの膝の上から不思議そうに見守ってくれている図（笑）。

▶ 2016/03/12 ｜ 今日の肉まん朝ごはん

肉まんはパルシステムの市販品ですが……（笑）。
今日は息子の保育園の卒園式＆大きくなったね会でした。各学年が歌や踊りを発表してくれて、卒園・進級をお祝いします。1番下の0歳児クラスの息子は、名前を呼ばれてお返事したり、ゾウさんや猫さんの動きを真似て、パオーンやニャンニャンを披露しました。我が子同様に、クラスの子たちも本当にかわいい。入園時は誰ひとり歩けなかったのに、今はみんなが手をつないで歩いて、お返事もできるようになったね。1年の成長をしみじみと実感した今日。

21:miki

▶ 2016/03/15 ｜オープンサンド♪

アスパラ＋半熟卵＋パルメザンチーズのオープンサンドで朝ごはん。昨日は旦那氏、会社の方と私とお義母さんへ、忘れずにホワイトデーのお返し買ってきてくれました。かりんとう。渋いね！ ありがとう！

▶ 2016/03/19
ミニパンケーキの朝ごはん

寝落ちして、朝ごはんの準備が何もなかった今朝。ブルーノのホットプレートでちまちまパンケーキを焼いて、水切りヨーグルト＋生クリームのホイップとで。野菜ゼロはまずいよな〜と思って、申し訳程度にパンケーキ生地にかぼちゃペーストを練り込みました。雨の土曜日……室内だけでは息子の体力が余る余る……どうしよ。

▶ 2016/03/21
モリモリトーストプレート

Instagramのページでギザギザキウイの動画を見かけたので真似してみました。真ん中に深めにギザギザと切れ目を入れていって、ぱかっと割るだけ。思い切って深めに切れ目を入れるときれいに切れる気がします。意外とカンタン！

21:miki

▶ 2016/03/23
いちごのフルーツサンド

水切りヨーグルト＋生クリーム＋メープルシロップで。全部生クリームというのは苦手なので、ヨーグルトを入れるだけでかなりさっぱりします。ラップして30分ほど冷蔵庫で寝かせてからパンナイフでカットしたら、崩れずに切れましたよ♪

▶ 2016/03/29
イギリスパンでわんぱくサンド

背の高いイギリスパン、縦に切るか横に切るか迷った結果、ちょっと無理がありました。やっぱり正方形の食パンがいちばん作りやすいなあ。アボカド＋紫キャベツソテー＋アスパラ＋スモークサーモン＋レタスにそれぞれバターとマスタード塗って。ラップでぴっちりきつめに巻いて、少し寝かせてから切ってます♪　器はマリメッコのものです。

▶ 2016/04/02
いつものモリモリワンプレート

写真を撮るときはいつも窓際に椅子を置いて、自然光をふんだんに使って撮ります。時にはレフ板（我が家はお風呂場で使う滑り止めのマットの裏を使います・笑）を駆使して。なになに〜と興味深々で近寄ってくる息子に時には邪魔されますが、今お写真撮ってるからね〜と伝えると理解して見守ってくれるようになりました。成長したね！

▶ 2016/04/08
塩パンロールで朝ごはん

ポンパドウルの塩パンロールで朝ごはん。今朝は息子に4時半に起こされて、お母さんといっしょの録画を見ながら朝ごはん準備。新しい歌のお姉さん、あつこお姉さんもまたかわいらしい方ですね。さぁ保育園行こう！というタイミングで、早起きし過ぎた息子が朝寝に……自分だけ充電、ずるいよー！

21:miki

22 osakana さん
osakana

➡ Instagram
Instagram user name「xxosakanaxx」
https://www.instagram.com/xxosakanaxx/

```
家族構成
ひとり暮らし歴16年。
子猫の「しらす」とふたり暮らし
平日の朝ごはん作り開始時間と所要時間
7：30から20分程
休日の朝ごはん作り開始時間と所要時間
9：00から30分程
```

朝ごはんは自由にもりもり食べます！

長野県在住、30代会社員。食いしん坊だけどダイエッターなので、基本は逆三角形食べ（朝ごはん多め、昼夜は抑えめ）。朝ごはんは自由にもりもり食べます！

▶ 朝ごはんのこだわり
元々野菜が好きなのもありますが、せっかく信州に住んでいておいしくて新鮮な野菜が手に入るのでできるだけ野菜を沢山食べるようにしています。そしてできるだけカラフルに。食卓がカラフルだと、朝からテンションが上がります。

▶ これからチャレンジしたいこと
自他共に認めるパンキチなので（笑）、パン作りにチャレンジしたいです！

▶ こだわりの調理道具や愛用のモノ
器が大好き。パンプレートの日はイイホシユミコさん、和ンプレートの日は小澤基晴さん・金井啓さんのプレートが最強！たまにワンプレートじゃなく、いろんな器を並べた朝ごはんにするのも楽しいです。

▶ 2015/12/12
パンが恋しくて

和食が続くとパンが恋しくなるパンキチです。というわけで今朝は「ももふくふく」さんのつぶあんパン。「つ」がかわいい♪ あとはどっさり野菜とザクロヨーグルトとみかん。パンが好きで太ってしまったので、できるだけ野菜を摂ってヘルシーにしようと頑張ってます〜。

▶ 2015/12/13
ルヴァンのパンで朝ごパン

「ルヴァン」の「メランジェ」で朝ごパン。カレンツ（小粒なレーズンの一種）たっぷりでおいしい！　またルヴァン行きたいなぁ……。ザクロを久しぶりに買ったらおいしくて、最近何度も買ってます。今日はやっとタイヤ交換予約の日！　それまでに雪積もらなくて良かった！　時間があったら松本のカフェ＆ショップ「ラボラトリオ」に行きたいな……。

▶ 2015/12/14
顔むすびで和ンプレート♪

北海道産の大きな新巻き鮭をゲットしたので、和ンプレート。明太子もいつもよりちょっと良い肉厚さん♪　海苔で顔を作る時間がなかったので、ごまで時短な顔むすびに。もう少し手をかけて、某正義の味方さんにしてあげればよかったな……。

▶ 2015/12/29
今年の仕事終了！

前日の残りのトマトシチューには、シンプルなお米パン。そして『ターブルオギノのDELIサラダ』（世界文化社）から「紫キャベツとゴルゴンゾーラとドライイチジクとクルミのハニーマスタードサラダ」。やっと今年の仕事終了！　明日から短いお休みだけど、やらなきゃいけないこと山積み。とりあえず相方の誕生日ごはんメニューを考えなきゃ……。

▶ 2015/12/30
小澤基晴さんの器でオザワンプレート

れんこんつくねは、グラノーラ作りで卵白を使って卵黄が余ってたので、つくねに絡めて食べました。アボカドの梅なめたけ和えは一時期ハマって毎日食べてたやつ。久しぶりに作ったけどやっぱりうまい！　昨日のテレビで「アボカドの種茶」なんてやっててモロ私向きと思ったので早速実践してみまーす（笑）。

▶ 2016/01/11
オレンジカリフラワーがおいしい♪

週末に作ったコーンシチューの残りと杏のハードパン、ヨーグルト＋グラノーラ、生ハム巻きアスパラ、グリーンサラダ。コーンシチューにはオレンジカリフラワーも入れて。今までカリフラワーってあまり好きじゃなかったけど、オレンジカリフラワーがおいしくて！　今までただの食わず嫌いだったと判明。これからはどんどん使っていこう！

▶ 2016/01/12
カラフルトマト♪食べ比べ

発売前から楽しみにしてたミスドのクレームブリュレドーナツ、やっと買えた〜！　普通のとアップルシナモン両方食べたけどアップルのほうが特においしかったなぁ。スーパーでカラフルトマト詰め放題なんてのがあって。詰め放題は好きな色を好きなぶん選べて、かなり嬉しい。しかもお手頃価格、10種類もあって迷う迷う……まずはそのまま食べ比べ♪　微妙に味が違うんだねぇ。

▶ 2016/01/16
紅芯大根でポタージュ

紅芯大根が沢山あるのでポタージュに。ハンドブレンダーのおかげでラクラク。ビーツもそうだけど、色がすごいけど味はおいしい！　ネットのニュースを見てたら、"コップのフチ"シリーズに大好きなマイメロ＆クロミverが出ると知り、これはコンプリート買いしなきゃ！　って思ったら、1個￥540で10種類……こりゃかん。何個か買ってみようかなー。

▶ 2016/01/30
アボカドスライスに集中力使いました

アボカドタルティーヌに紫カリフラワーのピクルス、プチヴェール、キャロットラペ。アボカドスライスに1番の集中力使いました。また週末に雪が降ってしまい、何だかんだで相方と3週間会ってなーい。まぁいつも冬はこんな感じだからいいか（笑）。カフェにも行きたいけど雪のおかげで外に出る気が全く起きないのでまったり片付けでもしようかな。

22:osakana

▶ 2016/02/09
栗パウンドで甘朝ごはん

函館「roca」さんの栗パウンドで甘朝ごはん。ヨーグルトの上のザクロ、スーパーでよくお安くなってるからつい買っちゃう。そういえばバレンタインがもう今週末ってことに先ほど気付きました。何も考えてないけど何作ろう。うーん。明日考えよう。

▶ 2016/03/21
おばんざいプレート風朝兼お昼ごはん

おにぎり 焼き鮭 肉じゃが かぼちゃの塩麹煮 枝豆ペペロンチーノ 赤茎ほうれん草のピーナッツ和え たけのこ煮 聖護院かぶら漬け 梅しそきゅうり
京都土産のお漬け物ものっけて、京都で食べたおばんざいプレートを意識してみたよ。かぼちゃは初めて塩麹で味付けしたけどやさしい塩味で好みの感じ。また作ろう♪

▶ 2016/04/10
実家からのたけのこごはんおにぎり

たけのこごはんおにぎり みそ汁 鮭マヨ 卵焼き 軟骨から揚げ 紫キャベツと紫玉ねぎのマリネ キャロットラペ いちご
実家で採れたたけのこで、母が作ったたけのこごはん。家の周りで採れるたけのこや山菜、昔は全然好きじゃなかった。贅沢だったなと大人になってから思います。

▶ 2016/04/14
アボカドブロッコリーサラダ♪

先日作ったアボトマブロッコリーサラダがおいしかったので、今回はトマト抜きで作って「happybagel」さんのプレーンベーグルに挟んだよ。うみゃい！ アボカドブロッコリーサラダはわさびマヨネーズで和えました。隠し味にちょっとお醤油入れてます。

22:osakana

23 電気ビリビリさん
denkibiribri

➡ Instagram
Instagram user name「denkibiribri」
https://www.instagram.com/denkibiribri/

> 家族構成
> 私・奥さん・子どもの3人家族
> 平日の朝ごはん作り開始時間と所要時間
> 6：00　所要時間5分〜10分
> 休日の朝ごはん作り開始時間と所要時間
> 9：00　所要時間5分〜30分

ほぼ毎日TKG（卵かけごはん）を楽しんでいます。

関西に住む普通の会社員です。以前は家族で奥さんの作る朝ごはんを食べていたのですが引っ越しを機に通勤時間が激増!!　AM6：20には家を出ないといけなくなりました。自分でちゃっとできる朝ごはんといえば「TKG（卵かけごはん）」！　手を変え品を変え場所も変えたりして、平日はほぼ毎日TKGを楽しんでいます♪

▶ 朝ごはんのこだわり
朝ごはんはよほどのことがない限り、毎日食べるようにしています。

▶ これからチャレンジしたいこと
奇をてらわず毎日おいしく楽しく朝ごはんを食べることを続けたいと思っています。

▶ こだわりの調理道具や愛用のモノ
白山陶器の平茶碗2種類。お気に入りで予備もあります。ユニフレームの山クッカー。アウトドアTKGにはなくてはならない相棒です。

▶ 2016/03/06
TKG＠釣り

釣りを始めるとろくにごはん食べないんで腹ペコです。容器は「ユニフレーム」の「山クッカー」というもので、ラーメン袋麺がちょうど入るサイズ。釣りには必ず生卵1パック6個入りを持っていってます。この日の釣果は、チヌ45センチ、アナゴにガシラ（カサゴ）、初めて釣ったタナゴ。それからわかめに岩海苔などでした。

▶ 2016/03/11 ｜ TKG@家ごはん 茎わかめをお供に

採ってきた茎わかめを昨晩に塩漬けしたのんでTKG。
茎わかめの食感めちゃいい感じです。昨日の夜はわかめのしゃぶしゃぶ。釣りのあとは大体こうなる。春先の海は海草類の旬なんでいろんなものが採れますよ。それでも釣り師かという突っ込みはなしです。

▶ 2016/03/20
茶粥とキャベツの塩揉み

二日酔いがひどかったので奥さんがおかいさんを作ってくれました。茶粥。お茶はお茶パックに入れて炊きますよ。お鍋に生米、水、お茶っ葉を入れて中火でかき混ぜかき混ぜ作ります。ありがたやありがたや。

▶ 2016/03/22
TKG@家ごはん 岩海苔をお供に

昨日はお酒を抜いたので朝から快調です。今日はTKGのお供に、自家製の板海苔を。磯の岩から採ってきた岩海苔を乾燥させました。最後にサッと遠火で炙ります。炙るまでは失敗かな？ と思っていたんですが炙った瞬間あの海苔の香りが一気に立ち上がりました。最後の一手間がこんなに海苔を変えるとは。先人の知恵ですな。

▶ 2016/03/27
TKG＠家ごはん
ファミマの卵、おいしいかも

今朝TKGを食べていてふと思ったんですが、ファミマの卵、おいしいかも。昨日子どものキッズ携帯に初めてお友達の電話番号が登録された模様。子ども、嬉しいのかお友達の電話番号をニコニコ眺めていた。クローゼットの真っ暗闇の中で（笑）。

▶ 2016/04/05
TKG＠家ごはん
イカの塩辛をお供に

昨日ハリイカ（コウイカ・マイカ）をさばいたときの、腸と墨を利用して「塩辛」と「黒造り」を作ってみました。風味の違いを楽しめればとイカ墨に酒と昆布塩を合わせてイカの切り身を和えました。塩をきつめにふったので、醤油はかけずにTKGにオン！　こりゃあまずいはずがない。もうちょっと寝かせたらさらに旨くなるやつですね。

▶ 2016/04/07
TKG＠家ごはん
びっくりするくらいうまかった

今日はいい感じになれてきた自家製塩辛と、起き抜けに刻んで塩揉みした大葉とみょうがをTKGにオンです。ねっとりこっくりの塩辛と、しゃっきりさっぱりの大葉みょうがが連合。自分でもちょっとびっくりするくらいおいしいTKGでした！

▶ 2016/04/10
TKG＠釣り
釣れてないのでゆっくり

全く釣れてません。お日様に潮風、気持ちいいけど。フグはよくかかります（食べられません）。TKGは子どものお弁当のおかずを、奥さんが私用に置いといてくれたのをのっけました。TKG食べて休憩します。余りに釣れないんでゆっくり味わって食べることができました。

▶ 2016/04/12
TKG＠家ごはん 納豆TKGは鉄板！

今朝は醤油、酒、砂糖、にんにくをレンチンし、刻んだめかぶを浸けておいたのと納豆でTKGです。文句なしのおいしさでしたぞ。納豆TKGはやっぱり鉄板。今日も1日頑張りますよ。

▶ 2016/05/06
TKGと迷いに迷って……

今日は「ラーメンショップ」のラーメンが並盛350円になります。昨日から行くぞと決めてたんですがいざ朝になると、TKG……食べたいなぁ……と。ビジネスホテルのベッドで悩むこと5分、私は意を決してフロントに。フロント背後にあるレストランを決して見ないよう、前だけを見てホテルを後にしました。朝ラーもおいしかったです。

▶ 2016/05/13 ｜ 卵ピッカピカ。ビジネスホテルの朝ごはん

以前、1カ月ほど宿泊したホテルでのこと。朝ごはんは今日みたいなバイキングでなく、お膳におかずがセットされている形でした。ごはんのお代わりはお姉さんにコールします。私、だいたい毎朝お代わりしてたんですが、その日は二日酔いで、今日はごはん1杯やなぁ、って感じで、朝ごはんを食べてたんです。そしたら……チラッ……キッチンの入口から誰かが顔を出したような気がしました。しばらくしてまた……チラッ……ハッ！ ホテルのお姉さん！ ハッ！ お代わりコール待ち？ 私は急いでごはんをかき込み、お姉さんにコール。お姉さん、間髪入れずにお代わり持ってきてくれました（笑）。

23:denkibiribri

24 竹内 和代さん
Takeuchi Kazuyo

▶ Instagram
Instagram user name「kazu.take」
https://www.instagram.com/kazu.take/

家族構成
夫、私、末娘の3人家族。
平日の朝ごはん作り開始時間と所要時間
6:00開始 30分～（娘の弁当作り含む）
休日の朝ごはん作り開始時間と所要時間
7:00開始 30分～

嫁いだ長女が朝ごはん食べたさにしばしば帰ってきます。

埼玉に暮らす50代のWorking womanです。フルタイムで働きながら、3人の子どもを育てました。子どもたちが小さいときは、朝食時は余裕がなく慌ただしいものでした。でも忙しい共働き家庭が1日で唯一全員揃うのが朝ごはんでした。栄養バランスはもちろん、見た目にもおいしく彩りよくを心がけています。嫁いだ長女が、朝ごはん食べたさにしばしば帰ってくるのが嬉しいです。

▶ 朝ごはんのこだわり
フルーツは毎朝3品。朝の果物は金というので、彩りを考え5色使い（赤・緑・黄・白・黒）にこだわっています。バランスを考え、主食・主菜・野菜・果物をワンプレートに盛り付け、乳製品を添えます。パンはなるべくいろいろな種類を選んでいます。

▶ これからチャレンジしたいこと
自分でパンを焼くこと、野菜も作りたい。

▶ こだわりの調理道具や愛用のモノ
切れ味のよい包丁、南部鉄器のフライパン、白の四角いプレート、ガラスの箸置き

▶ 2015/12/29
朝からバーニャカウダ♪

いろいろ野菜のバーニャカウダ／ゆで卵タルタルソースのせ／フルーツ（メロゴールド、やよいひめ、ブルーベリー）／洋梨デニッシュ／ホットカフェオレ／ビオヨーグルト
お野菜がいろいろあったので朝からバーニャ～。年末休み初日、大掃除しなくちゃだけど、初日の朝ぐらいはゆっくりbreakfast♪ 今日も元気に頑張りましょう～！

▶ 2016/02/11 | 見た目よく彩りよく♪

水菜サラダ／れんこん酢漬け&フルーツトマト／ウインナーソテー／フルーツ（飾り切りりんご、キウイ、ブルーベリー）／アプリコットデニッシュ／ホットカフェオレ／ビオヨーグルト

フルーツは朝に3種類！ ワンパターンですが見た目よく、彩りよく♪ 飾り切りされたりんごは、私の実家から送られてきたものです。毎年、冬はりんごの赤が食卓に彩りを添えています。

▶ 2016/02/27 | かんきつ類のおいしい季節♪

グリーン&紫サラダ／アイコ（ミニトマト）／フルーツ（カラカラオレンジ、はるか、ブルーベリー）／2種カナッペ（サーモン&ラディッシュ&カッテージチーズ／ゆで卵&ウインナーソテー）／ホットカフェオレ／ビオヨーグルト

ビタミンカラーのフルーツで元気をチャージして〜♪ 末娘ちゃんは朝ギリギリまで寝ててフルーツとパンしか食べませんが……。美容と健康のためにもビタミン摂ろう〜！ かんきつ系のおいしい季節、嬉しいね♪

▶ 2016/03/05 | 珍しくフレンチトースト

グリーンサラダ／フルーツ（やよいひめ、せとか、ブルーベリー）／フレンチトースト／ホットカフェオレ／ビオヨーグルト

珍しくフレンチトーストにしてみました。染み染みふわふわでおいしかったよ〜！　朝からもりもり〜。テンション上げて掃除洗濯頑張りました〜。娘ちゃんは学校で、今日は卒業式。先輩が卒業して4月からは3年生、いよいよ受験生！　頑張ってほしいです。

▶ 2016/03/06 | 和プレートの朝ごはん

納豆ごはん／豆腐とわかめのみそ汁／わさび菜とマッシュルームサラダ＆アイコ／韓国岩のり／梅干し／甘塩鮭焼き／ちりめん山椒／フルーツ（はるか、スターフルーツ、ブルーベリー）

日曜の朝ごはんは旦那が作ります〜！和食はホッとしますね。乳製品の代わりに小魚でカルシウム補給〜♪納豆ごはんバンザイ。今日はポカポカ陽気に誘われて都内散歩。湯島天神から上野に出て合羽橋の道具街に行ってきました！

▶ 2016/03/21 ｜ 元気の出る朝ごはん♪

春色野菜サラダ／新玉ねぎ＆ポークソーセージソテー／フルーツ（バナナ、2種かんきつ、ブルーベリー）／焼きカレーパン／ホットカフェオレ／ビオヨーグルト

ビタミンたっぷり、元気の出る朝ごはん♪　今日は、挙式記念日。我が家は結婚記念日が2日ありまして〜。入籍と挙式それぞれお祝いしています。今日は、教会を見たくて表参道「ASIA DE NEW YORK（青山セントグレース大聖堂内）」でdinnerしてきます♪

▶ 2016/04/09 ｜ 盛り付けがワンパターンだけど〜

2種レタス＆アーリーレッド／生ハム＆ファーストトマトのブルスケッタ／フルーツ（美生柑、ぶどう2種、ブルーベリー）／ホットカフェオレ／ビオヨーグルト

目の前の公園が新緑と散りかけた桜のピンクが混じってきれい〜♪　今の季節のウォーキングは気持ちいいです。あっちこっちお花が咲き乱れてて楽しめました。
最近プレートの盛り付けがワンパターン化……。そのほうが並べるとき楽々なのです〜！

25 vivoco さん

Instagram
Instagram user name「ocoviv」
https://www.instagram.com/ocoviv/

家族構成
夫　息子ふたり（5歳と2歳）
平日の朝ごはん作り開始時間と所要時間
5：00くらい〜　15分〜30分程度
休日の朝ごはん作り開始時間と所要時間
7：00くらい〜　30分程度

愛情を込めた
おにぎりを
作るのが日課です。

食欲旺盛な男の子ふたりの母。長男出産を機に初めて食について考える。バタバタ慌ただしい朝に手の込んだ料理を用意する余裕はないので、その分たっぷりの愛情を込めたおにぎりを握るのが日課。粗食を食べて素朴な日々が続くことが幸せだと思っている。愛読書は『粗食のすすめ』。

▶朝ごはんのこだわり
平日はおにぎりや雑炊など、お米でできる簡単なもの。お米を食べて1日のエネルギーをチャージしてほしいから。おにぎりは準備も簡単で、子どもたちが沢山食べてくれるうえ、時間が経ってもおいしく食べられる。

▶これからチャレンジしたいこと
これからも相変わらずおにぎりを握り続けていきたいです。

▶こだわりの調理道具や愛用のモノ
おにぎりを並べるのにざるを愛用しています。お皿に並べたときよりもおにぎりが断然おいしく見えるのでお気に入りです。

▶2015/05/10
おいしいお海苔で♪

本日のおにぎりは、昨日友人がくれたおいしいお海苔でいただきます。海苔はパリパリ派なので食べる直前に巻き巻き。

▶ 2015/06/05
毎朝おにぎり

毎朝大量に、おにぎり生産中。これが我が家の日常風景。
お皿は愛用のイッタラ ティーマプレート。

▶ 2015/06/16
最近は4個が限界

最近は4個が限界の、衰えた私の胃袋（じゅうぶんすぎ）。
おにぎり大好き。

▶ 2015/07/19
パンもおいし♪

「天然酵母パン 芒種 bousyu」のパン。おいし♪

▶ 2015/12/29
今年の握り納め、焼き納め。

おにぎりと手作りおやつ。今年の握り納め、焼き納め。

25:vivoco

▶ 2016/02/04
ごはんとおみそ汁と梅干し♥

ごはんとおみそ汁があれば幸せ♪

▶ 2016/02/28
おにぎりずらり♥

おにぎり大好き。たっぷり3合分でございます。乾燥わかめをすり鉢でゴリゴリしてたっぷり作る自家製わかめごはんの素。使うときはごはんにそのまま混ぜるだけ。市販のを買うより安全で経済的！

▶ 2016/03/06
焼きおにぎり焼けた

焼きおにぎり。お皿は大分県の小鹿田（おんた）焼き。いただきまーす。

▶ 2016/03/13
今日もたんまりおにぎり♪

今朝も込み合っております。今日は名古屋ウィメンズマラソン。ウチのすぐ近くがコースになっているので、マラソンの規制が始まる前に、名古屋を脱出して今日はおでかけ！

▶ 2016/03/15
今日もずらり。

新聞に出ていた総務省の「家計調査結果」によると、お米をよく食べる都市、1位は浜松市（年間購入量100.94kg）、2位は静岡市（94.49kg）。浜松市出身の旦那氏と静岡市出身の私。我が家は最強カップルだったのね、お米界では！　そして週5kgを消費する我が家、年間にすると最低でも240kg以上のお米を食べているという事実！　トップの浜松市を軽く越える量に衝撃（笑）！

▶ 2016/03/16
今日もずら―――っっ

おにぎり大好き。お米大好き。大人ふたりと幼児ふたりでこの数よ。お米代半端ない！

▶ 2016/03/20
さあ握るよー

STAUBで炊き立てごはん。さあ、握るよー。あと15年くらいは、毎朝おにぎり握るんだろうなー。

▶ 2016/03/30
お皿はティーマ♪

今朝も並んでます。かわいいおにぎりちゃんたち♪
ティーマのお皿は色違いで何枚かありますよ。黄色、黄緑、ターコイズ。

25:vivoco

お問い合わせ

本書に関するご質問や正誤表については下記のWebサイトをご参照ください。

インターネットをご利用でない場合は、FAXまたは郵便にて、下記までお問い合わせください。

刊行物Q&A
http://www.shoeisha.co.jp/book/qa/
正誤表
http://www.shoeisha.co.jp/book/errata/

〒160-0006 東京都新宿区舟町5
FAX番号 03-5362-3818
宛先　（株）翔泳社 愛読者サービスセンター
電話でのご質問はお受けしておりません。

※本書に記載された情報は、各著者のブログ掲載時点のものです。情報、URL等は予告なく変更される場合があります。
※本書の出版にあたっては正確な記述につとめましたが、著者や出版社などのいずれも、本書の内容に対してなんらかの保証をするものではありません。
※本書掲載の商品はすべて各著者の私物です。
※本書に記載されている会社名、製品名はそれぞれ各社の商標および登録商標です。

装丁デザイン	米倉 英弘（細山田デザイン事務所）
DTP制作	杉江 耕平
編集	本田 麻湖

みんなの朝ごはん日記

2016年6月17日　初版第1刷発行
2016年7月25日　初版第2刷発行

編者	SE編集部
発行人	佐々木 幹夫
発行所	株式会社 翔泳社（http://www.shoeisha.co.jp）
印刷・製本	日経印刷株式会社

©2016 SHOEISHA Co.,Ltd.

●本書は著作権法上の保護を受けています。本書の一部または全部について、株式会社 翔泳社から文書による許諾を得ずに、いかなる方法においても無断で複写、複製することは禁じられています。
●落丁・乱丁はお取り替えいたします。03-5362-3705までご連絡ください。
ISBN978-4-7981-4623-2　Printed in Japan.